GIACOMO BRUNO

INVESTIRE IN BORSA

Segreti e Investimenti per Guadagnare Denaro con il Trading Online

Titolo

"INVESTIRE IN BORSA"

Autore

Giacomo Bruno

Editore

Bruno Editore

Sito internet

http://www.brunoeditore.it

Sommario

Introduzione

E' davvero possibile vincere in Borsa? Certo. Si può fare portando verso di te le probabilità favorevoli. Il calcolo delle probabilità ci dice che se aumentiamo la nostra conoscenza dei principali indicatori di Borsa e quindi dei suoi cicli, dei grafici delle azioni e dell'analisi fondamentale, se cerchiamo di capire con quale azienda abbiamo a che fare e di quale azienda stiamo diventando soci acquistandone le azioni, possiamo davvero vincere in Borsa in maniera costante e duratura.

Non ti parlo di quantità di denaro infinite, non aspiriamo a cogliere i minimi ed i massimi e quindi a riuscire a comprare sul minimo e a vendere sul massimo, ma possiamo trovare delle vie di mezzo che ti assicurino un guadagno costante e più sicuro. Lo possiamo fare grazie al calcolo delle probabilità.

E' lo stesso metodo che usano i più grandi e i più ricchi investitori del mondo e grazie al quale i casinò di Las Vegas riescono a guadagnare milioni di dollari ogni giorno. L'importante è applicare il metodo con molta attenzione e molta disciplina. Ti consiglio di mettere in pratica tutto questo facendo tanta simulazione sui siti di finanza che ti offrono questa possibilità e dei quali ti darò il link. Prova il metodo con gli strumenti che ti fornirò, sia che tu parta da zero, sia che tu sia già esperto.

Negli ultimi anni centinaia di persone hanno imparato a guadagnare in Borsa grazie alle strategie che insegno e che io stesso utilizzo. Ora tocca a te!

Buona lettura,
Giacomo Bruno

GIORNO 1: INVESTIRE IN BORSA

Ti piacerebbe vincere in Borsa? E' chiaro, altrimenti non staresti leggendo questa guida. Personalmente ho letto moltissimi libri, oltre 1.000 negli ultimi 5 anni, la maggior parte dei quali su crescita finanziaria e strategie riguardanti la psicologia umana. Sappi che il successo in Borsa si basa all'**80% sulla psicologia**, ovvero sul modo in cui noi ci rapportiamo con la Borsa, e solo per il 20% sulla capacità di chi mette in atto il trading, ovvero l'attività di comprare e vendere. Se già investi, sai di cosa parlo e di quante decisioni affrettate ti hanno fatto perdere soldi.

Per aiutarti ad attuare un buon trading, vedremo tecniche specifiche e strategie pensate per investire oculatamente, gestire il rischio e vincere in Borsa. Niente paura, partiremo da zero, ti spiegherò ogni cosa passo passo, con un linguaggio molto semplice. Parleremo sia della Borsa italiana, Piazza Affari, che di quella statunitense, Wall Street. Iniziamo dai termini che userò più spesso:

trading online: investire in Borsa tramite piattaforma online *trader*: colui che investe in Borsa, che fa trading online

broker: banca online che ti permette la compravendita di azioni

titolo: in questo libro viene usato come sinonimo di azione

In particolare vedremo come scegliere il tuo broker e come fare trading online. Ti basta una connessione a banda larga, un'Adsl. Ti indicherò inoltre alcuni siti dove potrai aprire un account ed iniziare a fare simulazione senza spendere un euro.

Ti consiglio di fare tanta simulazione all'inizio per vedere se hai capito il metodo e se reggi lo stress che ti procura giocare in Borsa. Perché dà ansia? Semplice, perché è rischioso, perché, soprattutto all'inizio, quando si è inesperti, se si rischiano soldi veri, l'idea di poterli perdere è assolutamente stressante.

Io investo in Borsa da molti anni. Nel 2000 sono stato fra i primi ad aprire un account su Fineco, la prima delle banche online italiane. All'epoca c'era il boom del trading online, questo **broker** era molto pubblicizzato, ed io non ho resistito.

Infatti essendo amante di internet, lavorandovi già da diversi anni ed avendo i miei siti, l'opportunità di avere un lavoro parallelo che fosse il trading online mi stuzzicava molto.

In questi anni ho perso ed ho guadagnato. Non sono uno di quelli che racconta di guadagnare il 100-200% all'anno da dieci anni. Non metto in dubbio che sia anche possibile, ma è molto difficile e poche persone al mondo sono in grado di raggiungere risultati simili: al momento conosco solo Warren Buffet, considerato il più grande investitore del mondo con un patrimonio stimato sui

52 miliardi di dollari e secondo uomo più ricco del mondo, dopo Bill Gates.

Ti parlerò di alcuni investimenti che ho fatto, ma non come consigli di investimento, piuttosto allo scopo di trasmetterti il metodo in maniera facile, veloce ed efficace. Userò un linguaggio più semplice e lineare possibile, in modo che tu riesca ad afferrare agevolmente anche i concetti più tecnici.

Ti è già capitato di investire in Borsa? Molti hanno paura, non sanno come fare, da che parte iniziare. Questo è un corso valido sia per principianti, che per trader avanzati. Quello di cui parleremo è un metodo nuovo, che unisce l'**analisi tecnica e ciclica**, di cui probabilmente avrai sentito parlare, cioè lo studio dei grafici, all'**analisi fondamentale**, cioè lo studio dei bilanci, dell'andamento dell'azienda le cui azioni intendiamo acquistare. Infatti, come ci ricorda Warren Buffet: "Quando compri le azioni di un'azienda, diventi *socio* di quell'azienda". Quindi, immagino, vorrai sapere di chi sei divenuto socio e guardare in faccia queste persone, o no? Gli investitori a lungo termine hanno grande riguardo all'analisi fondamentale. Ne studieremo i parametri più importanti, che ci interessano ai fini del nostro metodo.

Applicheremo, per la prima volta in Italia, la **Programmazione Neuro-Linguistica** (PNL) al trading, ovvero una serie di importanti strumenti di analisi nati dal settore psicologico. Abbiamo detto che la psicologia è un aspetto importante, ma a noi, in questo contesto, non interessa tanto applicare la PNL alla psicologia umana, argomento che, peraltro, tratto in svariati altri miei corsi sull'autostima, la gestione dello stress e gli obiettivi. Piuttosto parleremo di come applicare la PNL allo studio delle aziende, assoceremo la PNL all'analisi fondamentale per capire di quale azienda stiamo comprando le azioni e stiamo, quindi, diventando soci.

SEGRETO n. 1: il metodo vincente unisce l'analisi fondamentale, l'analisi tecnica e ciclica e la Programmazione Neuro-Linguistica.

Vedremo poi in che misura questo ci sarà utile quando parleremo di analisi tecnica. In realtà non sono in molti a collegare l'analisi tecnica all'analisi fondamentale poiché sono un po' l'una il contrario dell'altra.

L'analista tecnico afferma che: "Nel prezzo attuale troviamo già tutte le informazioni che ci servono", l'analista fondamentale o fondamentalista replica: "E' troppo facile prendere in considerazione un grafico ed applicarvi dei principi, c'è sempre una qualche regola tecnica che funziona, che ti dice che in passato la media mobile era quella giusta, oppure che se avessi usato un altro tipo di strategia avresti guadagnato molto".

Ma se è facile parlare di strategie più o meno giuste a cose fatte, molto più difficile è *prevederle in tempo reale*. Questa è un po' la critica che viene mossa all'analisi tecnica. Vedremo come risolvere entrambe i problemi, come collegare i due tipi di analisi e creare una sinergia tra di essi attraverso la Programmazione Neuro-Linguistica.

Secondo l'analista tecnico, non può la persona comune che intende investire in Borsa sapere per prima quello che sta succedendo sul mercato dei titoli. Quindi se apprende una news su un titolo, ad esempio che l'azienda A intende fondersi con l'azienda B, non la può usare a suo favore in quanto il prezzo attuale dei titoli già contiene quella fusione, che ne ha già modificato il valore. Così, quando le arriva, è già troppo tardi perché la possa sfruttarla a suo vantaggio.

Certo, questo a meno che la persona stessa non lavori nell'azienda della quale intende acquistare i titoli e commetta il reato di *insider trading*. Con il termine inglese *insider trading* si intende la compravendita di azioni di una determinata società da parte di persone che per la loro posizione all'interno della stessa, siano venuti in possesso di informazioni riservate; informazioni che, presumibilmente, porteranno ad una variazione consistente del valore del titolo stesso. Per questo motivo i presidenti delle aziende, quando comprano o vendono azioni della propria azienda, devono comunicarlo agli istituti che vigilano sull'andamento della Borsa.

Per farti capire quanto sia importante interessarsi alle news di finanza, per capire cosa succede sul mercato delle azioni, ti parlo, ad esempio, del fatto che Bill Gates, insieme al suo socio, Paul

Allen, nel febbraio del 2000, hanno venduto centinaia di milioni di dollari in azioni Microsoft. Forse sapevano qualcosa che la massa degli investitori non sapeva? Molto probabilmente sì, ed infatti il titolo, dal mese successivo in poi, è passato da 100 dollari a 50 dollari, il 50% in meno, tantissimo. Un crollo in pochissimo tempo. Oggi vale addirittura 30 dollari.

In generale molte persone si macchiano del reato di insider trading, vendendo o comprando azioni della propria società senza comunicarlo, oppure chiedendo ad un amico: "Stiamo per fonderci con quest'altra azienda, quindi il nostro titolo salirà, compra tu perché io non lo posso fare", chiaro? E' un comportamento più diffuso di quanto pensi e certo a noi non interessa, giacché è illegale, te ne parlo solo per completezza d'informazione.

Se non conosci la PNL, Programmazione Neuro-Linguistica, sappi che è una neuro scienza che, da 30 anni, studia le persone di successo, quindi i più grandi comunicatori, i più illustri terapeuti, i manager più brillanti e, ovviamente, anche gli investitori di più abili. Ci sono persone che vincono, è ovvio. Quindi, attraverso gli strumenti che ci offre la PNL, noi possiamo studiare e modellare le persone che riescono molto bene in qualcosa. Perché Warren Buffet guadagna da decenni il 100% l'anno? Come fa? E' chiaro, ha delle strategie che tu puoi modellare ed applicare ai tuoi investimenti.

Ricordo che, quando mi sono avvicinato alla Borsa per la prima volta, avevo già le mie convinzioni sul trading. Ho cominciato, come ti dicevo, nel 2000, senza aver alcun metodo preciso, investendo a caso. Avevo a disposizione una piattaforma su cui comprare e vendere, non mi è sembrato vero. E' chiaro, investivo perché volevo guadagnare, tuttavia appena acquistato il titolo, lo vedevo crollare. Sembrava lo facessero apposta. Sembrava che il broker online, ovvero la banca intermediaria, nel mio caso Fineco, già sapesse quello che avevo intenzione di comprare e mi facesse scendere il titolo per dispetto.

I primi tempi, ovviamente, ho perso, perché non avevo un mio metodo, una mia strategia, non sapevo nulla di Borsa. Tanti altri come me hanno iniziato nel 2000, perché in quell'anno c'è stato il boom della new economy. Il titolo di Tiscali, azienda simbolo di quel boom, era arrivato a valere 120 euro, per poi crollare, poco dopo, ad un prezzo di 2 euro. Io, come tanti altri, sono arrivato alla fine del boom e, come tanti altri, ho perso dei soldi. Mi ero convinto che in Borsa non si facesse che perdere e questo mi limitava e mi condizionava negativamente. Pensavo: "Ho provato ed ho perso come tanti altri miei amici. La Borsa sta crollando perché ormai tutti i giorni l'indice è negativo, quindi non si può vincere in Borsa!". Questa era la mia convinzione ed è durata un bel po'.

Ho avuto un momento di pausa nel quale non ho più investito perché avevo la fissazione di perdere e tu sai che se hai una convinzione limitante, se non credi in ciò che fai, non arriverai lontano. In generale, nei corsi di motivazione e PNL, giriamo l'affermazione in positivo: "Se credi nelle tue possibilità di realizzare un obiettivo, allora puoi farcela. Ce la farai, troverai un modo per farcela", ma vale anche l'opposto: "Se non ci credi non puoi farcela, non ce la farai, non troverai strade per farcela". Quindi non giocai più, perché non credevo nella Borsa, e, ovviamente, non ottenni più risultati. Poi mi resi conto che, essendo un mercato in cui si compra e si vende, per qualcuno che perde, c'é qualcun altro che vince. Se era pur vero che tante persone, come me ed i miei amici, stavano perdendo, era certo anche vero che altrettanti furbi stavano vincendo i nostri soldi.

la Borsa è uno scambio, non c'è un'autorità superiore che compra o vende, come, nei casinò, il banco alla roulette. Io penso che in Borsa si possa vincere e perdere, qualcuno vince e qualcuno perde. In genere chi perde non è istruito, non ha strategie e non segue un metodo con regolarità e disciplina.

SEGRETO n. 2: la Borsa è sempre uno scambio, qualcuno vince e qualcuno perde. Vince chi ha metodo, strategie e disciplina.

Chi vince sempre e comunque è poi l'intermediario, ovvero la banca, che percepisce, in ogni caso, la sua commissione, circa 19 euro, ogni volta che compri o vendi. Non male. Perché se compri gli devi 19 euro, se vendi gli devi altri 19 euro, hai fatto dieci operazioni e magari, mentre tu sei andato in pari, a lui hai già fatto guadagnare 380 euro.

Ora ti racconterò le mie ultime esperienze in Borsa, di come ho insegnato questo metodo a mia moglie, che non sapeva nulla di trading, in due settimane e di come poi lo abbia messo in pratica con soldi veri guadagnando anche bene. Ma, come al solito, in Programmazione Neuro-Linguistica, ti raccomando di non fidarti di ciò che dico io, piuttosto fidati di te stesso, **fai la tua esperienza**, magari iniziando dalla simulazione, con soldi finti. Usa soldi veri solo quando avrai imparato il metodo, fallo se ti sarai trovato bene e quando ti sarai accertato del fatto che investire ti appassiona

Vedremo come investire sul **medio termine**, ovvero entro un intervallo temporale di qualche mese. Lavoreremo sulle medie mobili, sui cicli a 3 e 6 mesi. Non parleremo di giocare in Borsa all'interno della stessa giornata, quello che si definisce *intraday*, comprare e vendere un titolo nel giro di poche ore. Significa, infatti, stare tutto il giorno davanti a dei numeri a guardarli salire e scendere, è davvero snervante. Conosco alcuni trader che lo fanno e a 35 anni sembrano invecchiati precocemente.

Tra l'altro, se considerassimo l'intraday, non sarebbe necessario fare analisi fondamentale perché questa ha un senso unicamente nel medio e lungo termine. Lavorare sul medio termine è ottimo perché vuol dire che potremmo dedicare a questa attività non più cinque minuti al giorno ottenendo ottimi risultati.

SEGRETO n. 3: investire in Borsa sul medio termine ti consente ottimi guadagni dedicando a questa attività solo 5 minuti al giorno.

Studi la situazione dell'azienda le cui azioni avresti intenzione di acquistare, fai tutti i controlli che devi, acquisti le azioni che decidi, dopodichè chiudi. Non stare a pensarci continuamente. So che, al contrario, lo farai, anzi probabilmente sarai lì a dire: "Sale, sale, sale. E' salito di due centesimi!", però dammi ascolto, chiudi il computer, poi riaprilo il giorno dopo giorno per non più di cinque minuti, giusto il tempo di monitorare la situazione.

L'importante è che tu abbia fissato uno *stop loss*, ovvero un ordine di vendita automatico qualora l'azione scendesse oltre un certo prezzo, così saprai che più di un certo limite non puoi perdere. Il sistema, una volta superato il limite da te stabilito, la vende automaticamente e tu te ne liberi. Quindi, ricorda, quando compri fissa subito uno stop, in modo da non lasciarti deviare dal tuo ego, dalla tua mente nel voler attendere spasmodicamente che un'azione che sta crollando, risalga. Se l'azione sale, puoi spostare di poco lo stop in alto, aggiornandolo ogni volta, non dovrai fare altro. Non stare lì accanito tutto il giorno sperando che l'azione riacquisti valore per quei cinque centesimi, non va bene, perché in questo modo ti stressi come se giocassi in intraday.

Sappi che non è assolutamente quello il nostro obiettivo, altrimenti non avrebbe senso fare tutte le analisi del caso e soprattutto non funzionerebbe il metodo. Potrà certo succedere che nell'intraday tu perda l'1%, perché un titolo può cadere dell'1% in un giorno, però quello che a noi interessa è studiare il percorso di un'azione sul medio termine, tre mesi, ad esempio, durante i quali un titolo può salire anche del 10-20%.

Prima di parlarti di Borsa, per farti capire cosa sia veramente importante, faccio riferimento al concetto di **cash flow**, cioè entrate/uscite, di cui ho parlato nel mio ebook <u>Fare Soldi Online</u>.

Il cash flow non è altro che il tuo bilancio personale, cioè quanto guadagni meno quanto spendi. Ti entrano 1.000 euro al mese, te ne escono 1.000, quanto ti rimane? Zero.

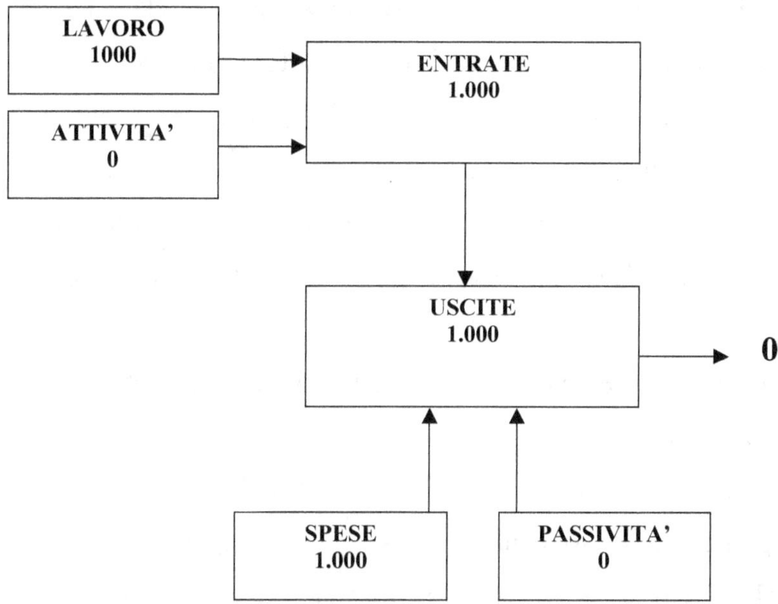

Poniamo che, in questo caso, le entrate ti derivino dal tuo lavoro. Tu lavori e ti entra uno stipendio, poniamo di 1.000 euro, non hai altre attività o rendite, non investi in Borsa, non hai immobili affittati, nulla di extra. A fronte di questa entrata, avrai delle uscite fisse per vivere, mangiare, pagare le bollette, magari l'affitto, e alla fine spendi tutto quello che ti entra. Se fra le passività hai l'affitto, non avrai, ovviamente, il mutuo. Per **passività** intendo una somma che ti esce fissa tutti i mesi. E' l'immagine di chi fa un lavoro semplice, non ha la casa di proprietà, si paga le sue bollette, il suo affitto e quello che entra, esce. In questo caso 1.000 entrano e 1.000 escono, cash flow ancora uguale a zero, chiaro? Questo è il cash flow della *classe povera*, il povero per definizione, infatti, ha un cash flow uguale a zero, in cui tutte le entrate sono mangiate dalle spese in uscita.

Poi c'è la *classe media*, seconda categoria, che si situa a metà strada tra il povero ed il ricco e che comprende il professionista, il lavoratore autonomo, l'avvocato, il medico, il chirurgo, l'ingegnere. Questi soggetti percepiscono uno stipendio in media più alto rispetto al soggetto precedente, quindi, magari, guadagnano 3.000 euro al mese invece di 1.000. Pur se, anche in questo caso non esistono attività ulteriori rispetto allo stipendio da lavoro, riescono comunque a guadagnare bene e sono contenti. Per 3.000 euro di entrata finanziaria, che tipo di uscite hanno?

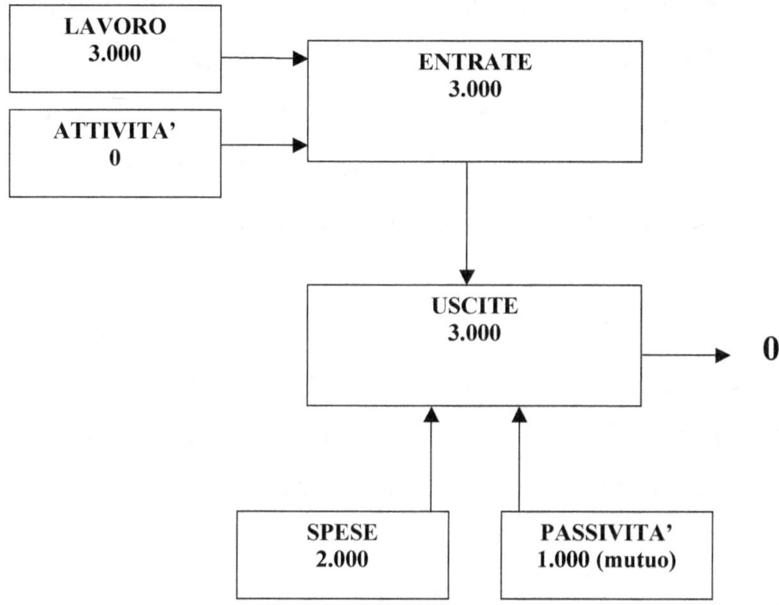

A differenza del povero, riescono a condurre un tenore di vita più alto, possono permettersi di uscire, di andare al ristorante, al cinema o altro. Inoltre riescono ad acquistare, a rate, un immobile, quindi hanno, fra le passività, l'uscita del mutuo, che esclude l'affitto. Hanno la spesa delle bollette. Spendono per vestirsi e mantenersi. Alla fine hanno un cash flow comunque uguale a zero, però hanno la casa di proprietà.

Ti è mai stato detto che la casa è il miglior investimento? Sicuramente sì. E' vero secondo te? A dire la verità non lo è del tutto, perché, nello schema del cash flow, la casa è considerata una passività, al pari del mutuo e dell'affitto. E' per definizione un qualcosa che sottrae denaro, al contrario un'**attività** è un qualcosa che ti fa entrare soldi nel portafoglio. La casa ti obbliga ogni mese al pagamento del mutuo, delle bollette e, a scadenza, di altre tasse come ad esempio l'Ici. Sono uscite, sono costi e soprattutto immobilizzi soldi che ti potrebbero servirti per altri scopi, magari per creare un'attività che potrebbe, questa sì, essere definita un investimento. Quindi la casa, da un punto di vista strettamente finanziario, non è un buon investimento.

Quella che ti ho appena illustrato è la situazione di un componente tipo della classe media; che differenza ha rispetto al povero? Nulla in termini di cash flow, più o meno consuma tutto ciò che guadagna, in più, però, ha la casa di proprietà. La maggioranza delle persone in Italia si ritrova nel ritratto offerto della classe media. Hanno la casa di proprietà, ed è il massimo cui, oggi come oggi, i ragazzi possano aspirare. Il ragazzo cresce con un percorso in mente: studia, forse si laurea, trova una compagna, vanno a vivere insieme, uniscono i due stipendi e di questo sono contenti, finalmente si comprano casa, fanno un mutuo spaventoso per il resto della vita, generano figli, che a loro volta sono una forte uscita in soldi, e così via.

Questa è la vita dell'italiano medio, che poi, in fondo, è anche quello cui tutti aspiriamo, perché la cultura ci ha trasmesso questo percorso come un valore, ed è il motivo per cui non diventiamo ricchi ed invece tentiamo, per una vita intera, di appianare un debito. Come lo paghi? Con il lavoro. Se fai un figlio e quindi hai più spese? Devi lavorare il doppio, anche fino a tarda sera. Magari chiedi a tua moglie di lavorare anche lei in modo da avere più soldi. Questo a cosa ti porta? Più stress e molto meno tempo da dedicare a te stesso ed ai tuoi cari. E allora pensi: "Ma come, faccio un figlio e poi non ho tempo da dedicargli perché devo lavorare il doppio?". E' un circolo vizioso nel quale si va ad incastrarsi.

Robert Kiyosaki è colui, tra i teorizzatori del cash flow, che meglio di altri ha saputo semplificarne il concetto. Ha scritto un libro intitolato: "Padre ricco, padre povero", in cui parla di ciò che lui definisce la *corsa del topo*: per tutta la vita inseguiamo i nostri debiti, perciò se non riusciamo ad uscirne per tempo, non ce la faremo più perché ci ritroveremo incastrati. Non puoi crearti una nuova attività perché non puoi lasciare il tuo lavoro, altrimenti verresti affossato dalle spese e dalle passività. Quindi resti incastrato, una volta iniziato questo processo difficilmente ne esci.

Perché si arriva a questo? Perché tutte le tue entrate derivano dal lavoro, quindi se desideri maggiori entrate, sei costretto a lavorare di più e questa cosa non ti piace, non va bene. Qual è la differenza con la *classe ricca*? Che sì, il ricco lavora, perché anche lui avrà una sua occupazione, ma soprattutto ha delle attività, ha delle rendite ulteriori. Quindi, sì, fa l'ingegnere, però ha anche la sua attività che gli rende altri soldi, oppure investe in Borsa o altro. Poi ha le sue spese, delle passività, magari si sta comprando casa, però sa che le rendite esterne al suo lavoro e che non gli richiedono impegno ulteriore, basteranno ed avanzeranno a coprire le uscite e le passività.

RICCHEZZA =

ATTIVITA' > USCITE

Quindi il vero ricco è colui che riesce a coprire le sue passività e le sue uscite solo tramite rendite di denaro: non avrebbe bisogno di lavorare, lo fa per suo piacere personale. Da ricco, può decidere di smettere di lavorare, se lavora lo fa per piacere, per passione, e, soprattutto, può fare il lavoro che più gli piace.

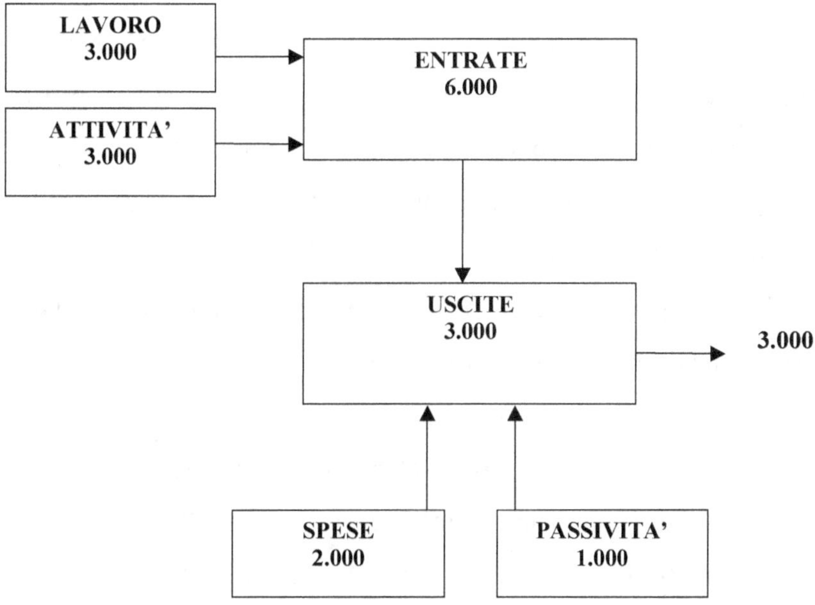

Quanto vale una tua ora di lavoro? Diciamo che ti pagano 10.000 euro al mese, benissimo. Vai a dividere le ore di lavoro e scopri che una tua ora di lavoro vale 50 euro. Però una volta che te l'hanno pagata, punto, finisce lì, certo non continua a lavorare da sola fruttandoti ulteriore denaro! Invece il principio base della ricchezza è: "Non lavorare tu per i soldi, ma fai lavorare i soldi per te", ciò vuol dire che devi investire, creare attività.

A questo proposito ti riporto un aneddoto su Anthony Robbins, grande guru motivazionale di Programmazione Neuro-Linguistica, che una volta avrebbe detto a Jim Rohn, suo maestro, eminente personaggio della libertà finanziaria, molto ricco, tra l'altro: "Jim, sono angosciato perché lavoro dalla mattina alla sera. Sì, sto tenendo molti corsi, sto avendo grande successo però non lo so, sono stanco, e mi sembra di non guadagnare abbastanza rispetto alla mole di lavoro che mi sobbarco".

Jim Rohn rispose: "Anthony, mentre stiamo parlando, nel mio conto corrente arriva un milione di dollari" e Robbins: "Un milione di dollari? Non stiamo mica lavorando, stiamo chiacchierando!", Rohn replicò: "E' proprio lì il segreto, se il tuo guadagno dipende da quanto lavori, sei finito". Continuò: "Tu puoi guadagnare anche di notte, qualcuno potrebbe comprare un tuo libro, devi guadagnare quando qualcuno altro vende i tuoi corsi. Sono le rendite automatiche".

SEGRETO n. 4: i ricchi sono tali perché creano rendite automatiche di denaro, indipendenti dal loro lavoro, attraverso attività e investimenti.

Pensa solo a quanti soldi guadagnano i cantanti. Producono e promuovono un disco, il loro compito finisce lì. Il disco, poi, va per la sua strada e fa guadagnare moltissimi soldi al cantante. Viene distribuito dai rivenditori che, per ogni disco venduto, pagano, poniamo, un euro al cantante. Un euro non è tanto rispetto ai 20 che il cliente del negozio paga un cd, però se il cantante vende 5 milioni di copie, guadagna moltissimi soldi. A quel punto fa il secondo cd e va avanti. Quello è il tipo di lavoro cui tutti dobbiamo aspirare, che non richieda continua presenza fisica e molto tempo, la risorsa più preziosa che abbiamo.

Se ci rifletti, noti che il tempo è uguale per tutti, abbiamo tutti 24 ore al giorno, però c'è chi diventa ricco e chi no, quindi è importante sfruttare al meglio il nostro tempo.

Investire in Borsa è un buon modo per farlo. Pensa a quest'attività come un qualcosa che, innanzitutto, non ti impegna finanziariamente. Aprire un account in internet, nel caso di Fineco, che è il broker che io ho scelto, ha un costo molto inferiore rispetto a quello rappresentato dall'apertura di un normale conto bancario: poco più di 5 euro al mese, che diventano zero se hai un minimo di soldi depositati. Quindi i costi iniziali sono praticamente nulli. Al contrario, per aprire un negozio o un'attività, ci vogliono milioni. I pochi euro mensili che investi per gestire i tuoi investimenti, li recuperi anche se hai solo un minimo di soldi di cui poter disporre.

Seguire il tuo investimento, con il metodo che ti insegno, non ti richiederà più di cinque minuti al giorno di attenzione. E' chiaro che giocare in Borsa, se funziona, si piazza a pieno diritto tra le *attività*, ovvero tra le cose che fanno entrare soldi nel tuo portafoglio. Il metodo per farti guadagnare bene c'è, e puoi anche arrivare ad arricchirti, il che però non vuol dire che devi farti false illusioni. Lungi da me dire che investire in Borsa significhi soldi facili.

Per investire in Borsa bisogna avere la testa ben salda sulle spalle, è troppo facile lasciarsi andare quando vedi che il tuo titolo sale e, a dispetto di quanto dettato dal metodo, decidi di non vendere. Inizi a pensare di essere molto bravo, di avere l'intuito giusto per investire perché il titolo continua a salire. Poi magari arriva un crollo e tu non te la senti di vendere perché sei convinto, fidandoti del tuo intuito, che il titolo riprenderà a salire. Aspetti un certo tempo per disfarti del titolo nella speranza che il suo valore risalga, poi aspetti altro tempo e ancora altro tempo fino a che non perde tutto il suo valore e non ti resta niente in mano.

Oppure può succede che decidi di seguire il metodo alla lettera e vendi al momento previsto. Però ti accorgi che il titolo continua a salire e ti mangi le mani per averlo fatto, per questo la volta successiva che farai? Continuerai ad investire, addirittura a comprare altre azioni anche se il metodo te lo sconsiglia e, inevitabilmente, finirai per perdere. In genere succede così, è la *legge di Murphy*, se una cosa può andare male, andrà male!

Quando non investi, ti pare che in Borsa vada tutto per il meglio, che tutti i titoli salgano. Magari il tuo punto di vista del momento non corrisponde alla realtà, ma il cervello umano ha un meccanismo interiore che si chiama **focus mentale** e che si studia in altri corsi, come in quello sugli <u>obiettivi</u>, che ci fa vedere solo ciò che vogliamo vedere, anche se non è del tutto reale. Se oggi guardando i titoli che salgono ti ritrovi a pensare: "Ci avessi investito!", sappi che quando ci investirai tu scenderanno, perché essendo appena saliti è normale che dopo un po' crollino. Esistono dei cicli in Borsa, ne parleremo dopo.

Oggi ti insegnerò un metodo e, se lo applicherai, probabilmente guadagnerai, se non lo applicherai, probabilmente perderai. Parlo di probabilità e non di certezze, in Borsa, infatti, non ci sono sicurezze, non ci sono garanzie per nessuno. Diffida di coloro che dicono: "Ho trovato il metodo sicuro per vincere in Borsa", perché non esiste. In Borsa si parla di probabilità, di statistica. In questa guida ti insegno il metodo che IO stesso utilizzo per guadagnare con il trading online.

Ti confesso che l'esame di "Calcolo delle probabilità" è stato tra quelli che ho amato di più durante gli anni dell'università. Mi piaceva da morire, anche solo per il fatto che mi offriva gli strumenti per smentire gli amici che giocavano al Lotto o al Superenalotto. Dicevo loro: "State giocando contro le vostre probabilità", che, per tutta risposta, mi guardavano increduli e addirittura si arrabbiavano. Come quelle persone che oggi giocano al Lotto e dicono: "Beh, il 56 non esce da 300 settimane, quindi, statisticamente, ha più probabilità di uscire", come se il bambino che va lì a pescare la pallina o la pallina stessa avesse memoria degli eventi precedenti. Non ce l'ha e, quindi, la probabilità che esca il 56 su 90 numeri rimane 1/90.

Ci sono poi, in realtà, degli studi che sostengono che, per il gioco della casualità, è più facile che, ad un certo punto, esca un numero non uscito da moltissimo tempo. L'unica cosa vera è che se tu perseveri nel puntare su un certo numero per una serie infinta di settimane, prima o poi quel numero uscirà, solo che, nel frattempo, avrai perso un sacco di soldi. Pensa che anche al Casinò può accadere che non esca per sette volte di seguito il nero, quindi tutti presumono che alla tornata seguente uscirà nero. La maggior parte delle persone punta tutto ciò che ha sul nero e poi...esce il rosso. La probabilità, in realtà, è sempre al 50%, la pallina della roulette, esattamente come quella che si usa per le estrazioni del lotto, non ha memoria degli eventi precedenti. Le convinzioni comuni spesso hanno la capacità di deviarci, è per questo che tanta gente crede alle divinazioni e chiama il mago di turno al 899 perché indichi loro numeri del Lotto vincenti. Un discorso simile non porta a niente, perché non tiene conto del reale calcolo delle probabilità.

SEGRETO n. 5: per vincere in Borsa in maniera costante, devi investire solo quando hai le probabilità a favore.

Alcuni anni fa sono stato a Las Vegas, ero già un appassionato di Borsa e di statistica e avevo già fatto l'esame di Calcolo delle probabilità. Ebbene, Las Vegas è un paradiso per i giocatori. Ci sono una ventina di alberghi, non c'è altro nella città, tutti colossali, veramente bellissimi, non so se hai mai visto le foto, è grande il fascino di tutte quelle luci. Ognuno è dotato di moltissime stanze, tutte lussuose ed enormi. Quanto costa secondo te una stanza a Las Vegas? 100, 200, 300 dollari? Assolutamente no. Una stanza di lusso a Las Vegas costa intorno ai 60 dollari a notte, pari a 40 euro. L'aereo per Las Vegas quasi te lo regalano, perché secondo te? Perché sono stupidi? Perché non vogliono guadagnare? No, perché intendono attirarti nella trappola.

La suite del migliore albergo di Las Vegas è 1.700 mq su tre piani, più o meno 20 volte una casa normale, ed in genere è riservata al Sultano del Brunei o ad altri grandi vip. Al riccone di turno, col pernottamento in suite, vengono offerte una decina di Limousine con le quali trasportare con agio bagagli e personale. In più champagne e tutti i servizi che possa desiderare. A quale prezzo tutto questo? E' gratis! Ma anche qui c'é la trappola, infatti, per avere la suite, deve andare la sera al Casinò e giocarsi almeno un milione di dollari. Sei poi vince è davvero strafortunato! Non solo soggiorna gratis e gli vengono assicurati svariati servizi, ma si arricchisce ancora di più. Purtroppo, però, è molto raro che questo succeda. L'intesa è che giochi tutta la sera, in modo tale che, prima o poi, perda lasciando i suoi soldi sul tavolo da gioco. E' statistico. E lo trovo anche giusto, in questo modo gli albergatori prevedono di rientrare di tutte le spese, è pura matematica.

Se non sei il sultano del Brunei e sai di avere risorse limitate, vai a Las Vegas fermamente convinto di non essere uno sciocco e di essere perfettamente in grado di fermarti quando vuoi. Invece no. Perché quando sei lì ti prende la febbre del gioco. Hai a disposizione una quantità smodata di slot machine, persino nei corridoi dell'albergo. Scendi e vedi un mare di gente che punta, anche una grande quantità di vecchiette è lì tutto il giorno con il proprio barattolino pieno di monete. Ogni tanto i soldi scendono, ovviamente, è il contentino per tenere alta la tua motivazione a giocare e farti restare ancora, fino a che...non perderai di nuovo tutti i tuoi soldi!

Conosci un po' la roulette? E' composta da 36 numeri più lo zero. Puoi scommettere sul rosso o sul nero e su ogni numero. Se punti sul numero vincente, ti pagano 35 volte la posta, ovvero ti restituiscono, moltiplicata per 35, la somma da te puntata.

Se punti sull'1 ed esce, ti restituiscono la tua puntata moltiplicata per 35, ed i calcoli tornano, quindi non ci sono probabilità a tuo sfavore…apparentemente. Se punti rosso o nero, e azzecchi, vinci una somma pari quella che hai puntato. Quindi, anche in questo caso, sembra tutto in regola, no? Ma c'è un fattore a minare questo apparente equilibrio, lo *zero*. Quando esce lo zero non prendi un soldo, a meno che tu non abbia puntato sullo zero, che comunque è il trentasettesimo numero. Quindi c'è quella piccola percentuale, quel 1/37 che ti può danneggiare, facendo vincere il banco. Per cui è indifferente che tu abbia puntato sul rosso o sul nero, perderai in ogni caso, perché lo zero non è né rosso né nero.

Quindi i titolari del casinò hanno circa un 3% di probabilità in più a loro favore rappresentate da quello zero, che è un numero su 37, è chiaro? Il 3% in più rispetto al 50 e 50, che sarebbe la casualità. Generalizzando e senza scendere troppo nello specifico, diciamo che hanno il 53% a loro favore contro il 47% a tuo favore, quindi, alla lunga vincono sempre. E' quel 3% a permettere a qualunque hotel di Las Vegas di guadagnare milioni di dollari al giorno. Altro che costo della singola camera. Questo dice il calcolo delle probabilità.

Vediamo ora alcuni siti, alcune **risorse online** da cui iniziare. Proprio perché voglio che tu possa partire da zero, ti fornisco i nomi di tutti i siti che puoi utilizzare e che io stesso utilizzo.

Il numero uno al mondo è **Yahoo**, il famoso portale, che ti offre un servizio finanziario gratuito all'indirizzo http://it.finance.yahoo.com/.

E' il migliore come fonte di informazioni, infatti ti offre notizie aggiornate su tutti i titoli del mondo, quindi anche italiani e americani. Inoltre ti permette di creare un tuo portafoglio per tenere d'occhio i titoli di tuo interesse. E' intelligente utilizzarlo per tener d'occhio e monitorare l'andamento di alcuni titoli sui quali pensi di puntare e per studiare i grafici, anche perché è di rapida consultazione anche per gli utenti non registrati.

SEGRETO n. 6: il sito di finanza di Yahoo è il più completo per news e quotazioni su tutti i titoli del mondo.

Il sito ufficiale della **Borsa Italiana** (Milano, Piazza Affari) è www.Borsaitalia.it. Qui trovi notizie interessanti su tutti i titoli quotati, quindi anche grafici, prezzi e soprattutto l'analisi tecnica, quindi dati, i bilanci ed altri dettagli che ti saranno utili più tardi per fare la tua analisi fondamentale.

Se vuoi sapere di che cosa si occupa una certa azienda di cui hai sentito parlare e della quale vorresti comprare le azioni, individuane il link, il sito di riferimento e vai a controllarlo. Se ti accorgi che non è ben fatto, che non è curato, potrebbe essere un indice del fatto che in azienda non lavorano con professionalità, che non investono sulla qualità, quindi non è consigliabile acquistarne i titoli. A questo fine anche il link può essere utile e vedremo più avanti in quali altri modi.

Come ti dicevo, qui puoi trovare riferimenti utili su tutti i titoli quotati a Piazza Affari, quindi tutti i titoli italiani. Inoltre puoi registrarti e fare **simulazione** gratuitamente. Ti assegnano un capitale fittizio, poniamo 1.000.000 euro, e puoi iniziare a fare trading online comprando le azioni al prezzo che c'è sul mercato in quel momento.

SEGRETO n. 7: il sito ufficiale della Borsa Italiana ti permette di fare simulazione sui titoli italiani.

I prezzi riportati sono in ritardo di 15 minuti rispetto alla realtà, e va benissimo così, perché non cambia nulla ai fini di una simulazione e i dati in tempo reale hanno un costo enorme per i broker online.

Nella simulazione, il broker online sottrae dal tuo capitale fittizio anche le commissioni, perché tu possa renderti perfettamente conto di come funziona il meccanismo. Tieni presente però, che nel caso dei broker italiani, la commissione dovuta non è identica per tutti, ognuno richiede una propria cifra. A questo fine è sempre meglio verificare sul sito del singolo broker.

Per iniziare a fare simulazione devi seguire una particolare procedura: vai sul sito www.Borsaitalia.it e clicca su "Registrati".

Infatti, per creare un tuo portafoglio virtuale di titoli azionari, devi essere registrato. Una volta conclusa con successo la registrazione, scegli uno username, una password ed inserisci i dati richiesti:

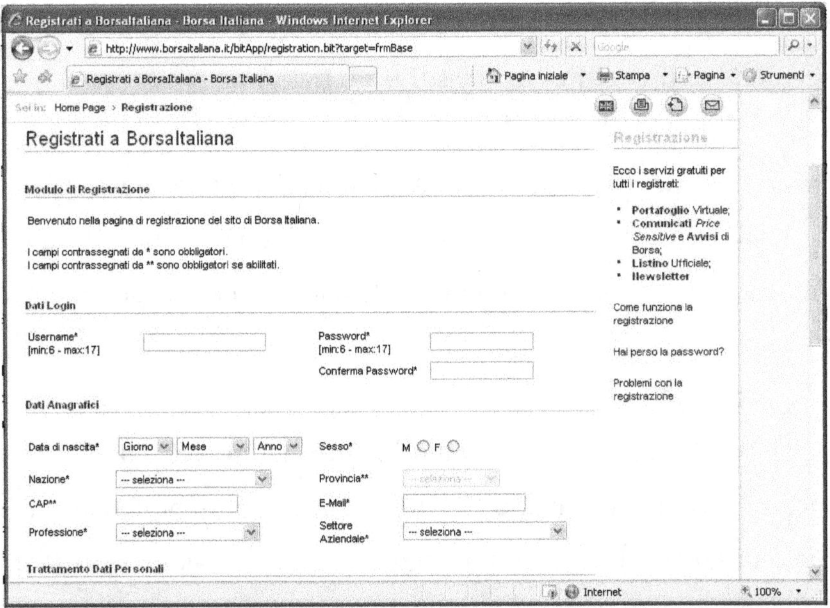

Da utente registrato, avrai a tua disposizione un tuo personale pannello di controllo, con tutti i servizi:

Dal box "Strumenti", puoi accedere al servizio "Portafoglio Virtuale". Crea subito il tuo Portafoglio: simulerai l'acquisto e la vendita dei titoli monitorandone l'andamento ed entrerai in gara con gli altri Utenti.

Clicca su "Entra", si aprirà una pagina ancora vuota. A questo punto clicca su "Crea" per creare un nuovo Portafoglio Virtuale, il tuo. Dagli il nome che preferisci, ad esempio "simulazione", clicca su Registra e il tuo nuovo Portafoglio è pronto all'uso:

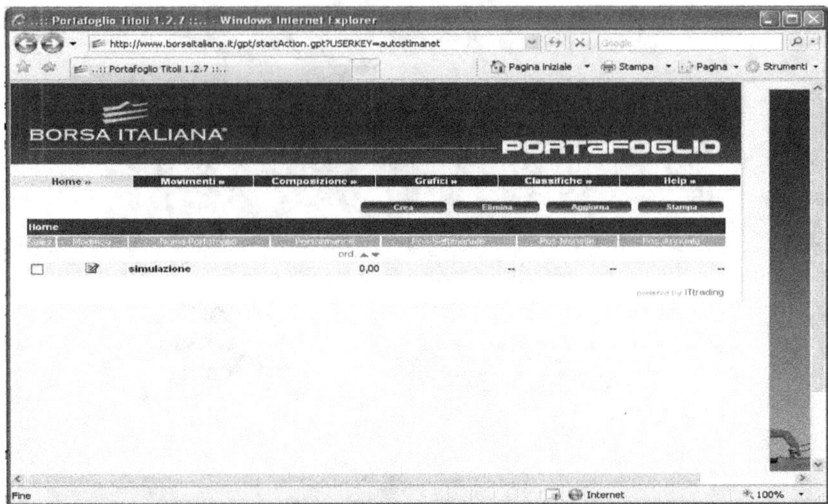

Ora clicca sul nome del portafoglio per accedere ad una nuova pagina dalla quale inserire i titoli. Qui clicca su Azioni:

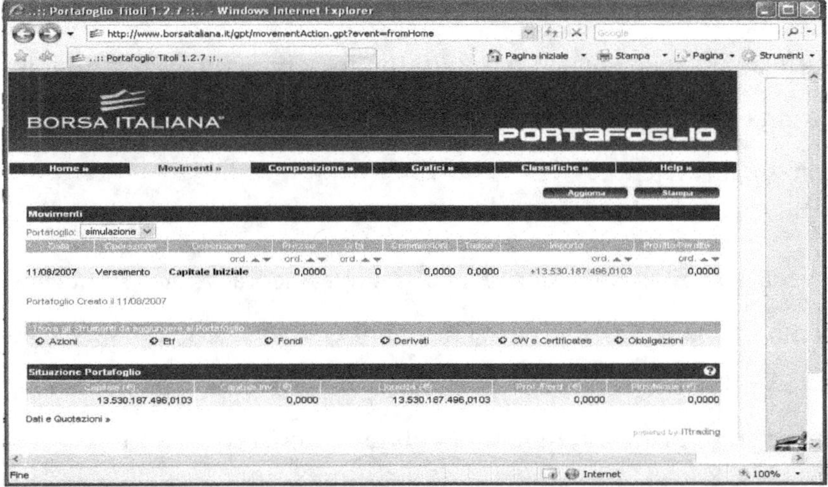

Ora hai la lista delle azioni da inserire per la tua simulazione:

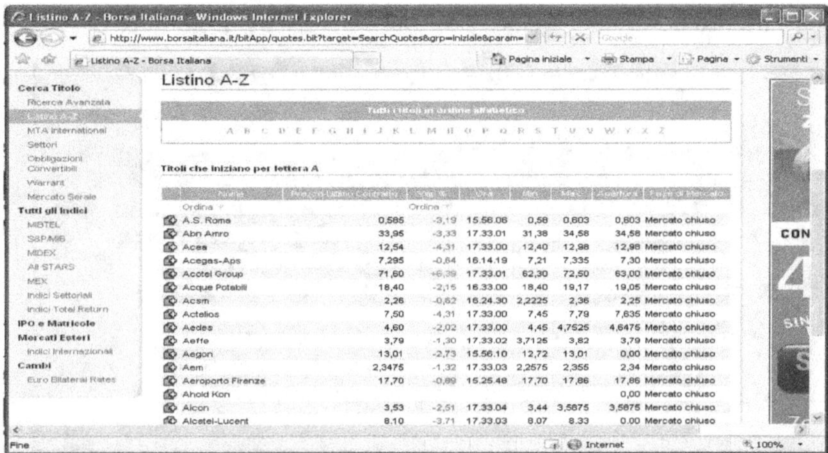

Poniamo che opti per Acotel Group che ha realizzato +6,39%. Clicca sul segno + accanto al titolo e visualizzerai un modulo in cui inserire una data quantità di azioni. Ad esempio 100:

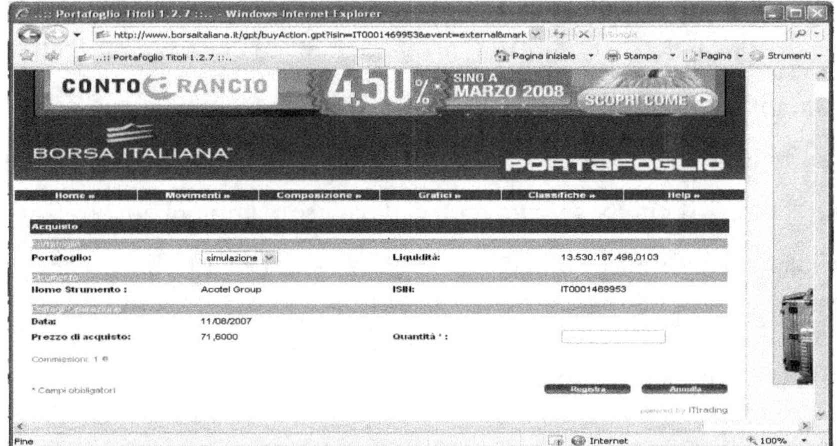

Ecco che il tuo portafoglio virtuale ora contiene quell'azione, esattamente come se l'avessi comprata in quel momento:

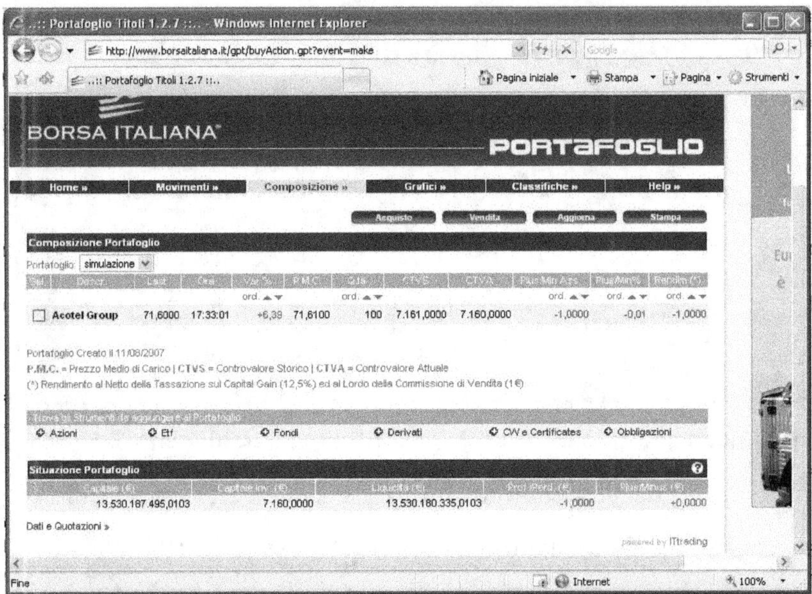

Infatti già ti segnala che sei in perdita di un importo pari alle commissioni di acquisto (in questo caso le commissioni sono simbolicamente indicate da 1 euro). Con il passare delle ore e poi dei giorni, il titolo si muoverà e il valore cambierà in base al prezzo di scambio. Di conseguenza il tuo portafoglio virtuale indicherà una perdita (in rosso) o un profitto (in verde) proporzionali al tuo investimento.

Vedila come un gioco e come un'importante palestra per i tuoi futuri investimenti. Anche se la simulazione è diversa dal reale, soprattutto per via della componente emozionale e psicologica che manca nella simulazione, è comunque utile e fondamentale prima di investire soldi veri. Come gioco è anche divertente, infatti se clicchi in alto su "Classifica" visualizzerai i portafogli virtuali degli altri utenti registrati e potrai renderti conto di chi sono quelli che guadagnano di più. Se riesci ad entrare in questa classifica, vuol dire che te la stai cavando bene.

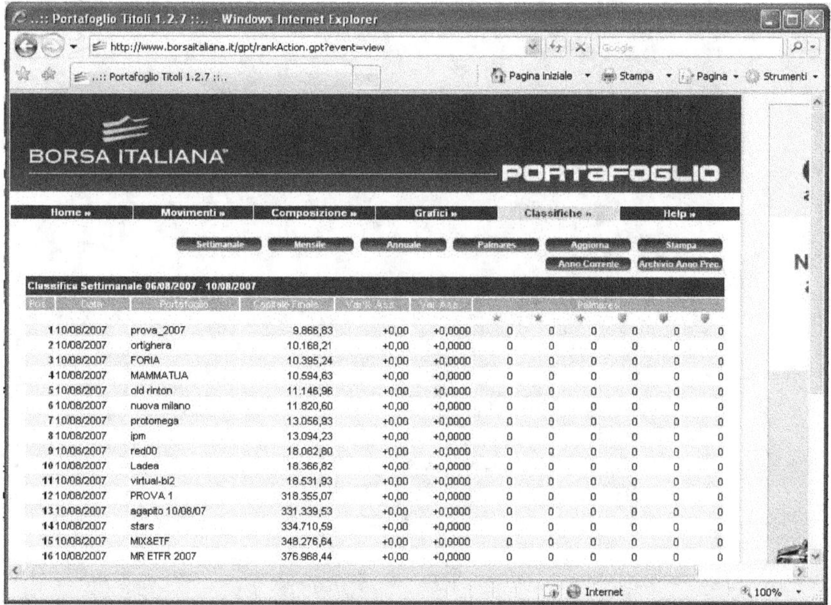

Per quanto riguarda la simulazione con titoli americani? Ti consiglio il nuovo servizio Finance di Google, che si trova all'indirizzo http://finance.google.com/finance: per ora in Italia è noto a pochi in quanto ancora in fase beta, cioè di test. Google è il motore di ricerca più quotato al mondo, le sue azioni valgono molto e, nel trading, permettono di realizzare un ottimo guadagno. Si sta aprendo a molti nuovi settori e, ovviamente, non poteva mancare quello della finanza.

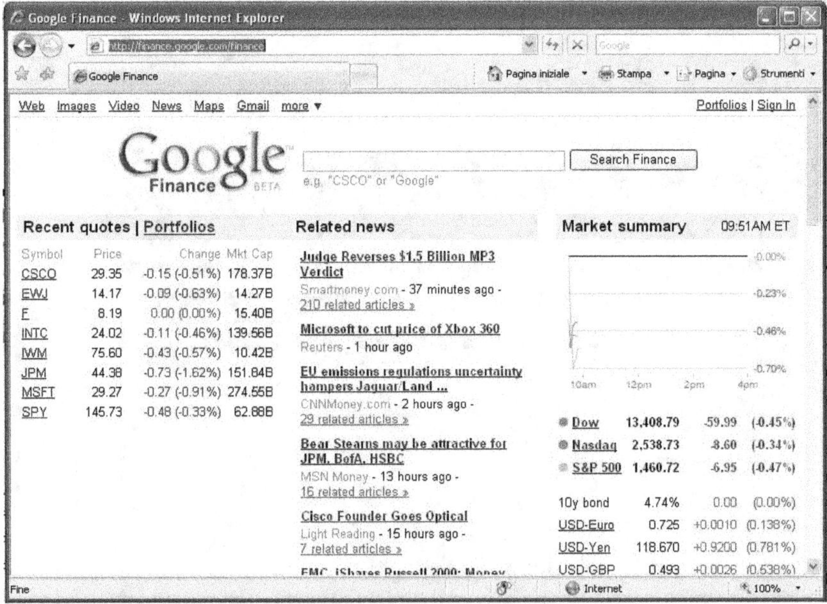

E' simile a Yahoo, ma descritto completamente in inglese e, in più, ti permette la simulazione con i titoli americani. Perciò se vuoi fare simulazione sia con titoli italiani che americani, vai su Borsaitalia.it per gli italiani e su Google Finance per gli americani. Anche per creare un portafoglio virtuale su Google devi registrarti. Dopodiché clicchi su "Portfolios"

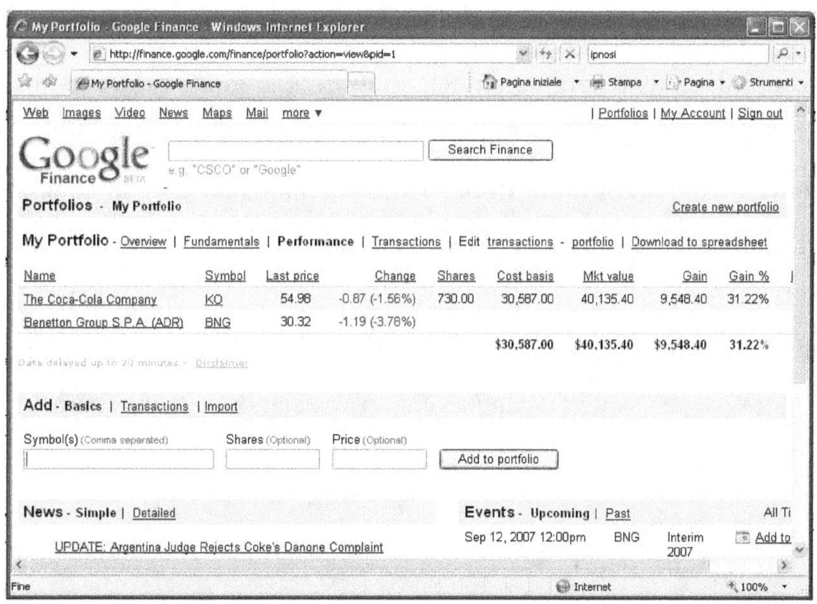

Qui trovi la lista delle azioni che hai già messo nel portafoglio ed hai la possibilità di aggiungere nuovi titoli mediante la funzione 'Add' (aggiungere). In questo modo puoi monitorare i titoli di tuo interesse e verificare se hai imparato il metodo testando la tua capacità anche sui titoli americani più difficili.

SEGRETO n. 8: il sito di Google Finance ti permette di fare simulazione sui titoli americani e ti fornisce news e informazioni dettagliate su tutti i titoli.

Quelli che ti ho elencato finora sono siti informativi, adatti per fare simulazione e completamente gratuiti. Nel momento esatto in cui decidi di investire seriamente, con soldi reali, hai bisogno di scegliere un **broker online**, ovvero una banca alla quale appoggiarti per comprare e vendere le azioni.

Ora ti parlerò di alcuni dei broker online più famosi ed utilizzati in Italia, ovvero quelle banche che ti consentono di investire in Borsa tramite apposite piattaforme online.

Io, come ti ho detto, uso da sempre www.Fineco.it, non fosse altro perché nel 2000, quando ho iniziato a giocare in Borsa, era il più famoso, il più utilizzato, il numero uno. A tuttora mi risulta che Fineco è il numero uno dalle **classifiche di utilizzo** che puoi trovare su l'interessante sito web www.Donovan.it, il primo servizio in Italia che classifica i servizi per il trading online. Ti fornisce, inoltre, anche utili comparazioni sui servizi offerti da ciascuna banca. Al secondo posto della classifica si situa una banca in forte crescita e con servizi innovativi: Iwbank.it, quindi non hai che l'imbarazzo della scelta.

Tra i vari broker, in linea di massima, ci possono essere piccole differenze di costo richiesto per commissione o di mercati su cui operare. Alcuni offrono la possibilità di negoziare opzioni ed altri no, alcuni permettono di giocare su tutti i mercati americani ed altri no. Quindi naviga nei vari siti di finanza ed informati, anche perché hai la possibilità di ricevere gratuitamente un prospetto con tutte le notizie che possono interessarti.

SEGRETO n. 9: scegli il broker online in base alla fiducia che ti ispira, ai servizi che ti offre ed alle commissioni che richiede per ciascuna operazione.

Ovviamente diffida di commissioni eccessivamente basse. Negli ultimi anni, infatti, stanno nascendo negli Stati Uniti dei broker "low cost" con commissioni veramente ridicole, che, però, nascondono sempre qualche punto debole. Meglio evitare se non si ha la certezza di fare la scelta giusta.

Per farti un esempio di prezzo per commissione standard in Italia, sappi che Fineco ha commissioni pari allo 0,19% del valore del titolo, con un minimo pari a 2,95 euro, ed un massimo pari a 19 euro. Quindi se compri un'azione, paghi comunque almeno 2,95 euro, se compri 1.000 azioni, paghi al massimo 19 euro.

Sul mercato americano, invece, non ci sono parametri riferiti ai minimi ed ai massimi, paghi un fisso pari a 19 dollari. A condizioni del genere, quindi, è assolutamente sconsigliabile comperare una sola azione perché poniamo che costi 50 dollari, se ne spendi 38 in commissioni, ti sei già mangiato quasi tutto il capitale iniziale.

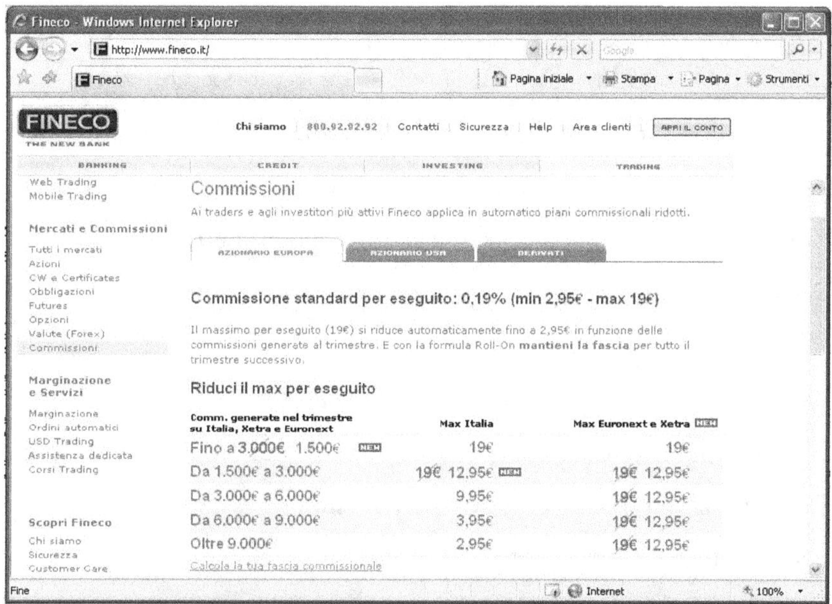

Devi metterti nell'ordine delle idee di investire un po' di soldi nel trading. A mio avviso, una cifra ideale con cui iniziare è 10.000 euro. Comunque, ripeto, prima di rischiare soldi veri fai molta simulazione perché la Borsa è un rischio, in Borsa puoi vincere ma anche perdere, e, se perdi, puoi anche perdere tutto. Usa solo soldi che ti avanzano e non quelli di cui hai bisogno per vivere. Se non hai abbastanza soldi da investire, è preferibile abbandonare l'idea della Borsa e investire, piuttosto, in un'attività online. Se hai letto uno dei libri della collana "Fare Soldi Online" sai di cosa parlo: internet ti permette di aprire un business online in pochi giorni, con costi bassissimi e ritorni percentuali che farebbero impallidire qualsiasi investitore di Borsa. Quindi, prima di procedere a fare i tuoi primi investimenti, verifica il tuo budget e valuta varie forme di investimento. Prendila come un'abitudine degli imprenditori di successo per costruire rendite automatiche di denaro.

Così, se hai deciso che investire in Borsa fa per te, questi sono i siti di riferimento dei broker online, confrontali ed utilizza quello che ti piace di più. Ognuno offre i suoi servizi. Ad esempio Fineco, oltre a tutti i servizi di base, ha anche una piattaforma avanzata chiamata "PowerDesk" grazie alla quale puoi studiare in maniera più dettagliata i grafici, ingrandirli rispetto alla finestra di base, che è piuttosto piccola, visualizzare contemporaneamente i prezzi di varie azioni e studiare un grafico nel dettaglio. Tuttavia, l'uso di una struttura avanzata come questa piattaforma ha un suo costo, precisamente 29 euro al mese, che, all'inizio, può essere influente in un bilancio complessivo di trading. Se, come ti suggerirò, investi su pochi titoli ed ogni 2-3 mesi, non è indispensabile utilizzare la piattaforma. Se poi, in seguito, diverrai un esperto trader, che segue molti titoli ed investe spesso guadagnando cifre soddisfacenti con una certa costanza, potrai pensare di investire i 29 euro al mese per l'uso della piattaforma. Dipende completamente da te. Personalmente la uso perché è molto comoda per lo studio dei grafici, delle medie mobili e dei cicli di Borsa. Ad ogni modo, tutti gli strumenti gratuiti messi a tua disposizione dai vari broker online sono più che sufficienti, all'inizio, a creare le tue prime rendite. Ad esempio, su Fineco fare un ordine è molto semplice: basta cliccare su un'azione per aprire un modulo d'ordine con i vari campi da riempire:

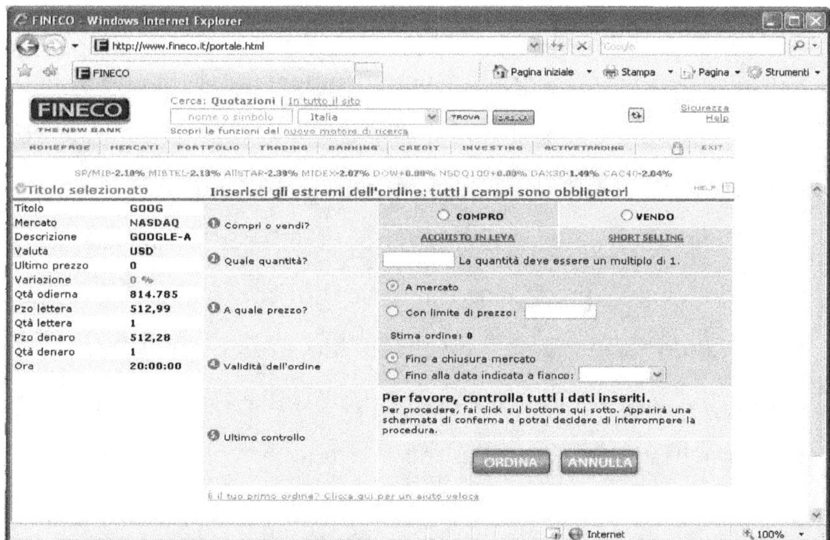

1) Compri o Vendi? Seleziona la casella "Compro" per acquistare un titolo.

2) Quale quantità? Inserisci il numero di azioni che intendi acquistare, ad esempio 100.

3) A quale prezzo? Non mettere mai "A mercato" (MKT) perché significa che acquisterai al prezzo di scambio che è disponibile in quel momento e, in genere, questo significa che ti venderanno le azioni al prezzo che nessuno è disposto a comprare. Arrivi tu "a mercato" e le rifilano a te. Invece metti sempre "con limite di prezzo" (LMT) e inserisci il prezzo al quale desideri comprare (che sicuramente è più basso) e che ritieni sia il migliore per il tuo investimento. In questo caso l'ordine non verrà eseguito istantaneamente, ma aspetterai che ci sia qualcuno disposto a vendertele al prezzo che tu stesso hai fissato. Nella mia esperienza entro qualche minuto l'operazione viene eseguita, perché tra un'oscillazione e l'altra è facile che il prezzo arrivi a quello che hai stabilito tu. Comprando "a mercato" invece il tuo ordine viene eseguito subito ma poi, sempre a causa delle oscillazioni, è facile che dopo pochi minuti tu sia già sotto di qualche centesimo e non è

mai piacevole. Quindi il prezzo fallo tu con un ordine con limite di prezzo.

4) Validità dell'ordine: lascia "fino a chiusura mercato" cioè valido solo per quel giorno. Altrimenti rischi di comprare il giorno dopo quando la situazione potrebbe essere cambiata e il prezzo che avevi fissato non andare più bene

5) Clicca su Ordina, inserisci la password di sicurezza e l'ordine è inviato. Ora sei nel gioco.

Esiste un altro tipo di ordine, ulteriore rispetto a quello a mercato (MKT) e limitato (LMT), è definito "Esegui Comunque" (ECO) ed è disponibile solo nelle piattaforme avanzate.

Ad esempio, poniamo che, in questo momento, un'azione Google valga 500 dollari e tu voglia comprare 1.000 azioni. Difficilmente troverai 1.000 azioni in vendita in quell'istante e a quel prezzo. Magari ce ne sono 200 a 500 dollari, poi 300 a 501 dollari, e 300 a 502 dollari.

Se fai un ordine **LMT** a 499 l'ordine verrà eseguito solo quando ci sarà qualcuno disposto a scendere a 499, quindi a venderti un'azione a questo valore.

Se fai un ordine **MKT** comprerai solo le 500 azioni a 500 dollari, e quindi non riuscirai a comprarne 1.000, almeno finché non ci saranno altri che le venderanno a 500 dollari.

Se fai un ordine **ECO** comprerai 500 azioni a 500 dollari, 300 a 501 dollari e 200 a 502 dollari. Cioè comprerai le prime 1.000 azioni in vendita che ci sono, a qualsiasi prezzo esse vengano vendute. Pertanto, a meno che tu non voglia assolutamente entrare nell'operazione, ti sconsiglio di usare questo tipo di ordine, perché spenderesti molto più del previsto.

Il tuo primo ordine sarà emozionante, lo so. Quando sarai in gioco nel mercato dei titoli, il cuore ti batterà forte e non riuscirai a staccarti da quel computer e da quei grafici. Poi ci farai l'abitudine e, a quel punto, comprare e vendere ti prenderà la mano. Ma non lasciarti mai andare, sii disciplinato e segui le regole che ti spiegherò nei prossimi capitoli.

RIEPILOGO DEL GIORNO 1:

- SEGRETO n. 1: il metodo vincente unisce l'analisi fondamentale, l'analisi tecnica e ciclica e la Programmazione Neuro-Linguistica.

- SEGRETO n. 2: la Borsa è sempre uno scambio, qualcuno vince e qualcuno perde. Vince chi ha metodo, strategie e disciplina.

- SEGRETO n. 3: investire in Borsa sul medio termine ti consente ottimi guadagni dedicando a questa attività solo 5 minuti al giorno.

- SEGRETO n. 4: i ricchi sono tali perché creano rendite automatiche di denaro, indipendenti dal loro lavoro, attraverso attività e investimenti.

- SEGRETO n. 5: per vincere in Borsa in maniera costante, devi investire solo quando hai le probabilità a favore.

- SEGRETO n. 6: il sito di finanza di Yahoo è il più completo per news e quotazioni su tutti i titoli del mondo.

- SEGRETO n. 7: il sito ufficiale della Borsa Italiana ti permette di fare simulazione sui titoli italiani.

- SEGRETO n. 8: il sito di Google Finance ti permette di fare simulazione sui titoli americani e ti fornisce news e informazioni dettagliate su tutti i titoli.

- SEGRETO n. 9: scegli il broker online in base alla fiducia che ti ispira, ai servizi che ti offre ed alle commissioni che richiede per ciascuna operazione.

GIORNO 2: LA REGOLA D'ORO

Gli esempi di statistica e di calcolo delle probabilità che ti ho mostrato in precedenza, mi servono per farti capire che la Borsa è tutta una questione di probabilità. E il metodo che ti insegnerò serve a farti *investire solo quando le probabilità sono a tuo favore*. Quindi, se è vero che bastano piccole percentuali a proprio favore per creare un grande business, investi solo quando hai a tuo favore probabilità vicine almeno al 60/70%. Altrimenti evita di investire in quel titolo. Ti rendi conto delle conseguenze? E ti assicuro che le probabilità sono solo questione di studio e strategie.

Al di là dell'aumentare le probabilità a tuo favore, esiste una regola d'oro che ti consentirebbe di guadagnare persino se scegliessi a caso le azioni su cui investire. L'idea di scegliere a caso i titoli su cui puntare deriva dalla teoria del *"random walk"*, secondo la quale sia che tu segua un metodo e compri i titoli consigliati dagli analisti, sia che acquisti titoli a caso, più o meno raggiungi il medesimo risultato.

Non sono molto d'accordo, infatti se sei bravo a selezionare i titoli, hai molte più probabilità di guadagno. Sono d'accordo, invece che seguire i consigli degli analisti, data la scarsa competenza che vi è in giro, è come scegliere a caso!

Comunque sia, con la regola d'oro che sto per spiegarti, puoi guadagnare persino seguendo la teoria del random walk, ovvero affidandoti alla casualità più totale e giocando a caso sui titoli: è infatti statistico che il 50% salgano e il 50% scendano. Quindi, in linea teorica, non otterrai molti risultati, forse andrai in pari. La realtà è molto diversa: il 99% degli investitori perderà molti soldi e solo l'1% ne guadagnerà moltissimi: sono coloro che seguono la regola d'oro. E' il segreto che accomuna tutti i più grandi trader del mondo, italiani e americani. Ecco la regola d'oro:

"Taglia le perdite e lascia correre i profitti"

E' l'unico metodo per vincere in Borsa a lungo termine. Te lo ripeto perché è importantissimo, "taglia le perdite e lascia correre i profitti": sappi che è l'esatto contrario di quello che fa la gente comune a causa della propria emotività.

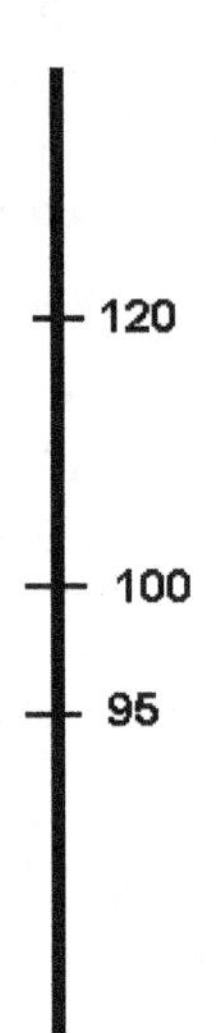

Cerco di spiegarti cosa intendo. Immaginiamo che un'azione valga 100 euro e tu la compri. Prima ancora di iniziare a giocare, fissi uno **stop**, cioè un ordine di vendita condizionato, per cui al tuo broker online (la tua banca) potrai comunicare: "Compro le azioni di Tiscali a 100 euro, se però arrivano a 95, vendile automaticamente, così limito la perdita". Esiste un modulo sul sito della banca sul quale impostare questa condizione. Diciamo che, ragionevolmente, tu non vuoi perdere più del 5%. Se perdi 5 euro su 100, infatti avresti perso il 5%. Questo è il massimo *rischio* che decidi di accettare.

Però se, invece, il titolo sale, se aumenta di valore, allora è importante che lasci correre il guadagno. Quindi tagli le perdite (al 5%) e lasci correre i guadagni. Cioè lasci salire il titolo, in modo da non limitare mai i possibili guadagni. Venderai solo quando la corsa verso l'alto dovesse fermarsi e tornare indietro di qualche punto percentuale.

La gente comune fa esattamente il contrario: se vede l'azione salire che fa? Si emoziona e vende, perché vuole realizzare con avidità il suo guadagno. Quindi taglia il profitto!

SEGRETO n. 10: la regola d'oro per vincere in Borsa è "taglia le perdite e lascia correre i profitti".

Si potrebbe pensare: "Prima che riscenda io vendo, così mi prendo subito il guadagno". L'emozione ti porta a questo, ti porta a tagliarti le gambe. Lo so perché l'ho visto fare. Te lo dico subito. Io ho testato questo metodo su mia moglie che non aveva mai giocato in Borsa e non è un'esperta di trading. Le ho spiegato il metodo, che, come vedrai, sarà molto efficace, le ho detto di tagliare le perdite e lasciar correre i profitti, ed ha cominciato ad investire.

La prima volta che ha investito soldi veri, non appena ha visto il titolo salire avrebbe voluto prendere i soldi ed ha detto: "Ora prendo questi mille euro di profitto e mi vado a comprare 50 libri!", giustamente…andiamo a spenderli. E lo capisco, perché sono il primo che è caduto nella trappola dell'emotività. E' normale, perché l'emozione ti porta a pensare che, se ci sono dei soldi, hai voglia di prenderli e sentirli in mano.

Cosa fanno le persone comuni se il titolo scende? Te lo dico perché l'ho visto in me, poi l'ho rivisto in mia moglie e nei miei amici, quindi lo farai anche tu, lo so. Dicevo, il titolo scende, è passato da 100 a 95 e la gente pensa: "No, io sono convinto che il titolo salirà di nuovo, altrimenti non ci avrei investito i miei soldi. E' vero che è sceso, ma sono certo che risalirà!". C'è un famoso detto che recita "finché non vendi, le perdite sono solo teoriche", cioè, stai teoricamente perdendo 5 euro ad azione, ma se non vendi non li hai ancora realmente persi, quindi non vendi, dai ascolto al detto e tieni il titolo.

Così ha fatto un mio amico che aveva investito in Tiscali pagando ogni titolo 100 euro. Li ha tenuti fino a quando sono arrivati a valere 2 euro. Cosa succede quando un tuo titolo perde il 98% del suo valore? Vorresti battere la testa al muro. Perché hai paura, perché hai perso tutto, perché per giorni e giorni ti sei ucciso di stress convinto che si sarebbe ripreso. Ma la ripresa non è mai arrivata. E lui ha lasciato correre la perdita!

Se tu non tagli le perdite ma le lasci correre e invece tagli i profitti, vai esattamente contro alla regola d'oro del trading.

Quindi quando guadagni, guadagni poco: ovvio, volevi quei 5 euro, te li sei presi e te li sei spesi, quindi neanche ti rimangono. Invece hai molta paura di concretizzare le perdite. Speri che il titolo risalga ed il tuo ego, il tuo cervello, la tua mente ti dirà: "Non vendere adesso, proprio ora che sta per risalire!". Quindi vai avanti così, vai avanti così e che cosa succede? Che Tiscali arriva a 90, poi magari fa un balzo a 93 perché i titoli oscillano e tu pensi: "Vedi? Avevo ragione". E' il discorso del focus che facevamo prima, se si è convinti di qualcosa, la si vede come vera anche se non lo è. Quindi se il tuo titolo ha fatto quel piccolo balzo verso l'alto, ti conforti e pensi che fai benissimo a non vendere, sei certo che salirà ancora, mentre, al contrario, scende ad 85. Poi, ecco, un nuovo balzo verso l'alto ed arriva ad 87, è come la slot machine che, ogni tanto, due soldi te li dà. E' come la roulette, ogni tanto ci azzecchi, e per questo sei contento e sei stimolato a giocare ancora e intanto ti sta rubando i soldi. Alla fine, aspetta, aspetta, il titolo Tiscali arriva a 2 euro di valore e tu non hai in tasca più nulla di ciò che hai investito.

Questa è la cosa peggiore che tu possa fare, partiamo da questo concetto in modo che tu capisca da cosa devi prendere le distanze. L'idea è di fare il *contrario di quello che fa la gente comune*.

SEGRETO n. 11: poiché il 90% della gente comune perde in Borsa, per vincere tu devi comportarti in modo contrario.

Devi importi di non seguire le emozioni, le paure, la voglia di fare due soldi o di vendere, taglia invece le perdite. Decidi *prima* dove fermarti e metti uno stop. Su Fineco c'è anche la possibilità di inserire solamente un *alert*, tale che il sistema, una volta raggiunto un certo limite, te lo comunica via sms. Quindi non si tratta di un ordine ma solo di un'allerta, un avviso. Tu, ovviamente, dovunque sei, puoi collegarti ad un computer e monitorare la situazione: magari nel frattempo è sceso a 94, poi però risale a 96 e tu pensi: "Meno male che non avevo messo lo stop condizionato, perché altrimenti avrei già venduto ed invece sta risalendo". Poi ecco che arriva un altro crollo e tu aspetti a vendere, mentre magari il titolo sta crollando in picchiata.

Soprattutto all'inizio, dato che la tua psiche sarà molto fragile e soffrirai molto le perdite, fissa uno stop. Metti un ordine condizionato e non toccarlo, non toglierlo per nessun motivo. Non mettere l'alert, metti l'ordine di **stop loss**. Stop loss, cioè stop alle perdite.

Ti consiglio di porti dei limiti prima di iniziare, perché durante l'investimento non avrai la stessa lucidità per decidere.

SEGRETO n. 12: in tutte le tue operazioni di Borsa calcola il tuo rischio e fissa sempre uno stop loss *prima* di investire.

Sii disciplinato e andrai molto lontano, riuscendo a guadagnare persino su titoli scelti a caso. Immagina infatti di aver acquistato 20 titoli diversi. Statisticamente, avendoli scelti a caso, 10 saliranno di valore e 10 scenderanno. Perderai 5 euro per ognuno dei titoli che scenderà, quindi, in totale, perderai 50 euro. Se, ad esempio, hai acquistato ogni titolo a 100, è adeguato fissare lo stop a 95.

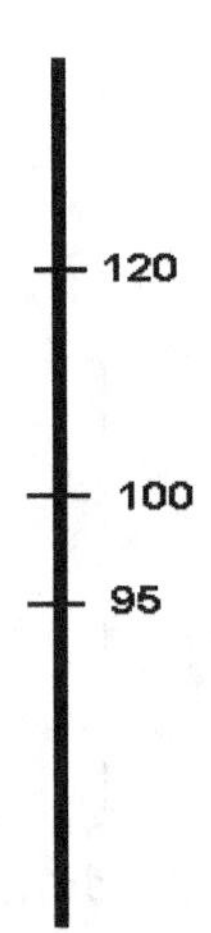

Andiamo ora a vedere quale strategia adottare per gli altri titoli che, statisticamente, saliranno. Se il titolo sale, invece, lascialo salire. Cosa fai man mano che sale? *Aggiorni in salita il tuo stop.* Immagina un diagramma in cui sia segnata una linea di stop a 95. Se il titolo sale a 105, tu sposta lo stop a 100. Man mano che il titolo sale fissa uno stop più alto. In questo modo non ti rimangerai i profitti, i guadagni già realizzati. Se il titolo sale a 110, tu fai salire lo stop a 105. Se sale a 120, metti lo stop a 115, in modo che anche se dovesse tornare indietro, tu non perda tutti i tuoi guadagni, altrimenti è come se non avessi fatto nulla. Hai acquistato un titolo che sale, se perdi il guadagno è una doppia sconfitta. Quindi fai salire lo stop man mano che il titolo sale, in questo modo conserverai i tuoi profitti.

Uno stop che si attesti al di sotto del tuo prezzo iniziale, che quindi ti faccia chiudere in perdita, si chiama **stop loss**, rappresenta cioè un "taglio alle perdite". Uno stop che sta sopra al tuo prezzo iniziale, si chiama **take profit**, ovvero "prendi il profitto". Ti parlo di questi meccanismi con termini inglesi perché saranno proprio questi che troverai su Fineco e in generale su qualsiasi broker online, e investendo in Borsa, troverai comunque moltissimi inglesismi o parole in inglese. Quindi alza il tuo stop, che in questo caso si chiamerà take profit.

Ora, tornando al nostro esempio, se il titolo scendesse al di sotto della soglia di 115 euro che avevi fissato, il broker te lo venderebbe automaticamente facendoti guadagnare 15 euro rispetto al prezzo pagato in partenza. Capisci bene che questo è il segreto più importante della Borsa. In questo caso sei riuscito a vincere perché hai tenuto lo stop nelle vicinanze, a 115 euro, se, viceversa, lo avessi lasciato a 95, probabilmente avresti, anche in questo caso, chiuso in perdita. L'ideale sarebbe riuscire a vendere a 120 che, come dicevo, è il picco massimo toccato dal titolo prima che riscendesse. Sarebbe bello, è il sogno di tutti i trader ma, semplicemente, è impossibile. Più tardi ti parlerò dell'impossibilità di cogliere i minimi ed i massimi e dell'idiozia che c'è dietro a questo vano tentativo.

Quindi sui titoli che perdono, perdi 50 euro. Sui titoli che salgono di valore potresti vincere 15 euro, o magari 20, o in certi casi 50 o 100. Lasci correre i profitti il più possibile, quindi un titolo potrebbe crescere tantissimo. Calcolando semplicemente 15 euro di guadagno per 10 titoli, sono 150 euro: quindi sui 10 titoli che salgono guadagni 150 (se non di più) e sui 10 titoli che scendono perdi 50. Con questo è dimostrato che, anche se compri titoli a caso, statisticamente per metà vinceranno e per metà perderanno. Ma quando perdi, perdi poco. Quando guadagni, al contrario, guadagni molto di più. A patto di seguire la regola d'oro.

SEGRETO n. 13: se tagli le perdite e lasci correre i profitti guadagnerai in Borsa anche scegliendo a caso i titoli su cui investire.

Questo è più grande segreto della Borsa, rispetta sempre questo meccanismo. All'inizio non lo farai, lo so, è la cosa più importante che c'è da fare ma qualcosa ti dirà di fare il contrario. La mente contorta che c'è in ognuno di noi ti dirà di fare il contrario, e sai cosa ti porterà a fare? A tagliare il profitto e far correre le perdite. E' incredibile. Molti perdono in Borsa, è vero, sono tutti coloro che non rispettano questo principio.

Non esiste un metodo certo e matematico, ci sarà sempre il grande trader che ti dirà: "No, questo metodo non funziona", o ci sarà il fondamentalista che dirà: "No, l'analisi tecnica non è applicabile", o il tecnico che dirà: "No, l'analisi fondamentale è inutile", benissimo allora, segui anche solo questa regola d'oro e vedrai che vincerai. Questa è la cosa più importante che c'é da sapere sulla Borsa.

Lo stop può essere aggiornato in automatico? Su Fineco questa possibilità non c'é. Io lo aggiorno a mano, rientra nei cinque minuti di disponibilità giornaliera che l'investire in Borsa ti richiede. Mi è capitato ultimamente, con mia moglie, di acquistare le azioni di Ebay, il sito di aste: un ottimo titolo, che stava perforando la media mobile (poi ti spiegherò cos'è nella parte tecnica). Quel giorno un mio allievo mi scrive una email e mi dice: "Ho aperto un conto su Fineco, puoi dirmi cosa posso iniziare a guardarmi?", gli ho consigliato di osservare Ebay, senza investirci soldi, perché era, in quel momento, in deciso rialzo. Mia moglie ha comprato. Il giorno dopo Ebay è salito del 2%, un giorno ancora ed è arrivato al 5% in più. Quindi è salito del 7%, che è tantissimo in due giorni. Ovviamente ha comprato ad una certa cifra, poniamo 100, fissando uno stop inferiore, quindi uno stop loss, a 95. Il titolo è salito a 107 e lo stop è salito con lui a 102, tramite nostra impostazione manuale.

Quindi, il giorno dopo, nei cinque minuti di osservazione che dedichi alla Borsa, dai semplicemente una regolata al tuo stop: lo lasci invariato se il titolo è ancora a 100 o è sceso sotto 100, mentre alzi lo stop che avevi precedentemente impostato se il titolo è salito sopra a 100. Abbiamo detto che in un primo momento il titolo era salito del 2%, passando quindi da 100 a 102. A questo punto io metto lo stop, ad esempio, a 97. Poi, si è detto, il titolo è salito di altri cinque punti, arrivando a 107. Di quanto faccio salire il mio stop? Di 5 punti, e lo porto a 102, e avanti di questo passo. Nella mia esperienza una buona regola che, in genere, seguo, è quella di limitare le perdite a circa il 5%.

Poi vedremo anche come interagire con le medie mobili, perché il titolo avrà certo delle oscillazioni e dovremo pensare ad una strategia da intraprendere. Le percentuali di crescita o decrescita del titolo le ricavi dall'analisi tecnica, che riguarda lo studio del grafico, delle medie mobili ed altre cose che vedremo più avanti.

Sai cosa è successo il giorno dopo? Ebay ha perso, nel giro di pochissimo 13 punti percentuali, quindi in totale è andato molto più giù di quanto non fosse quando eravamo entrati noi. Tuttavia, grazie al metodo, è scattato lo stop (il take profit) a 102 ed abbiamo guadagnato comunque il nostro 2% in 3 giorni. Niente male.

Se non fosse scattato lo stop, il titolo sarebbe sceso a 94 e noi avremmo perso il 6% dell'investimento. Una cifra inaccettabile in soli 3 giorni. Lo stop serve a proteggere i tuoi soldi, anche se con i titoli americani bisogna stare attenti perché quando c'è un crollo totale, lo stop potrebbe non bastare: infatti anche se la tua banca dà ordine di vendere, potrebbe non esserci nessun compratore disposto a pagare quella cifra se, nel frattempo, il titolo è in crollo. Ma ho un'assicurazione anche per questa eventualità, che ti spiegherò alla fine del libro. Certo mi sarebbe piaciuto vendere quando Ebay era al picco massimo, a 107: peccato che, mentre era lì, non avrei mai potuto sapere che quello era il massimo. Sarebbe potuto aumentare sino ad arrivare a 120 e io, in quel momento, non potevo saperlo. Lo puoi sapere solo dopo che il titolo si è mosso. La verità è che se ti fidi delle sensazioni, ti capita di sbagliare molto spesso e rischi di chiudere con perdite molto pesanti. Se segui il metodo, guadagni sì di meno ma almeno guadagni anche in caso di crolli del 13% in un giorno.

Il metodo che ti spiegherò ti dirà che se il titolo sta bucando la media mobile al rialzo, è un buon momento per poter comprare. Tu compra e segui la regola d'oro tagliando le perdite con uno stop loss e lasciando correre i guadagni. Se non lo fai, perdi, perché ti capita di acquistare titoli che magari, sì, si impennano per qualche ora ma poi crollano in maniera altrettanto verticale. Se stai a guardare e non aggiorni lo stop, magari ti scatta quello iniziale e perdi un sacco di soldi anche avendo azzeccato la direzione al rialzo del titolo. Non mi pare un granché come risultato, o no? Invece lo stop, di tanto in tanto, va aggiornato per seguire l'andamento del titolo ed evitare di rimangiarsi il guadagno. In questo concetto c'è veramente tutto ciò che ti può bastare per investire in Borsa.

Ovviamente simula, simula, simula e fai pratica, fai esperienza prima di investire soldi veri. Soprattutto segui una regola fondamentale, **non investire MAI soldi che ti servono**, ma solo quelli che ti avanzano. Ad esempio denaro che hai da parte fermo in un conto, che non usi, che non ti serve a niente. Perché se investi i soldi che ti servono, come potrebbero essere quelli che usi per vivere o quelli della vacanza di agosto e li perdi, è un disastro e potresti crearti convinzioni sbagliate sul trading, oltre che patire conseguenze spiacevoli o addirittura gravi. Invece bisogna investire intelligentemente e studiare i metodi, perché meglio conosci la materia e più probabilità hai di vincere.

Questa è sicuramente la regola fondamentale per vincere in maniera continuativa e a lungo termine. Anche a parità di statistica, 50 e 50, con questo metodo vinci, quindi è da considerarsi una regola fondamentale. In genere ci si comporta nel modo contrario e quindi si perde. Sii disciplinato.

RIEPILOGO DEL GIORNO 2:

- SEGRETO n. 10: la regola d'oro per vincere in Borsa è "taglia le perdite e lascia correre i profitti".

- SEGRETO n. 11: poiché il 90% della gente comune perde in Borsa, per vincere tu devi comportarti in modo contrario.

- SEGRETO n. 12: in tutte le tue operazioni di Borsa calcola il tuo rischio e fissa sempre uno stop loss prima di investire.

- SEGRETO n. 13: se tagli le perdite e lasci correre i profitti, guadagnerai in Borsa anche scegliendo a caso i titoli su cui investire.

GIORNO 3: ANALISI FONDAMENTALE

Il primo passo da compiere per fare trading online, riguarda **la scelta delle azioni** da acquistare, cioè decidere su quali azioni vuoi investire i tuoi soldi, quindi di quali aziende vuoi diventare socio. Pensaci, perché è importante. Vedremo come comportarsi in maniera strategica e come utilizzare l'analisi fondamentale.

Nei prossimi capitoli ci concentreremo, invece, sull'analisi tecnica e ciclica sullo studio del grafico: dopo aver deciso che l'azione di una certa azienda ti piace perché possiede date caratteristiche, devi capire come investire. Ovvero quando comprare e vendere per guadagnare, come gestire il rischio per non perdere soldi, a che punto inserire lo stop, quanto è possibile guadagnare, quanto puoi tollerare di perdere prima di fermarti.

Nell'ultimo capitolo parleremo anche del metodo della *leva*, ovvero lo strumento che può aiutarti a moltiplicare i tuoi guadagni. Essendo un moltiplicatore di guadagni, e, di conseguenza, anche di perdite, mi sento di consigliarla solo a chi abbia già maturato una buona esperienza di trading. So che ti stuzzicherà l'idea di guadagnare così tanto, ma c'è sempre il rovescio della medaglia. Te ne parlo perché tu abbia un quadro completo delle opportunità che ti vengono offerte, ma non usarla assolutamente prima di avere alle spalle alcuni mesi di risultati. Se, ad esempio, per sei mesi guadagni bene, puoi pensarci, prima, però, devi capire fino in fondo il rischio che corri. Su Fineco ti fanno firmare una quantità di fogli in cui dichiari di accollarti deliberatamente il rischio che c'è dietro la leva. E' giusto che lo facciano, perché potresti tirarti indietro e dire che non avevi capito che fosse così pericoloso e che potessi perdere tutto con tanta facilità. La cosa interessante dei broker e delle banche online è che gestisci tutto via internet, ma per questioni particolarmente delicate, come la leva, ti è richiesto il cartaceo. Io lo trovo giusto, perché sono banche e non account di posta elettronica, quindi devi comprendere bene i rischi di un investimento.

Abbiamo detto che il primo pilastro per investire in Borsa è scegliere i titoli giusti: la scelta, la selezione delle azioni, quella che in inglese viene definita *stock picking*. Quali titoli comprare?

Su quali titoli investire? Di quale azienda diventare socio? Ti piacerebbe divenire socio di Bill Gates? Se ne condividessi anche i guadagni ci si potrebbe pensare! O meglio, credi in Microsoft? Ti piace Windows? Io penso anche a questo. Oppure sei tra quelli che ce l'hanno con Microsoft ed usi Linux perché non accetti l'idea di aumentare ancor di più il patrimonio di Bill Gates? Se la tua opinione è questa, va bene, ma, ovviamente, ti consiglio di non investire in Microsoft. Se un'azienda, per qualsiasi motivo, non ti va a genio, lasciala stare, ce ne sono talmente tante altre che vale la pena di restringere il campo a quelle che ti interessano e ti convincono.

Quando mia moglie ha iniziato a fare trading, seguita da me, non appena visualizzata la lista delle azioni sul computer le ho chiesto: "Su quali investiresti?", lei è andata a cuore, a passione, e mi ha detto: "Fammi vedere il grafico della Disney", perché è appassionata dell'azienda e dei prodotti Disney. E' importante anche questo. Daresti soldi a qualcuno che non conosci o ad un'azienda di cui non sai nulla e che addirittura non ti piace? Daresti soldi a Parmalat? Se ha imbrogliato una volta potrebbe farlo anche una seconda, io dovrei avere validissimi motivi per decidere di investire i miei soldi. O magari, ragionando al contrario, potrebbe essere un ottimo investimento perché, dopo quanto è successo, la loro attività dovrebbe essere trasparente al massimo, ma ne puoi essere certo?

SEGRETO n. 14: la prima scelta da fare è nel tuo cuore, quindi non investire mai al rialzo su aziende che non ti piacciono.

Una cosa molto interessante, che imparerai più tardi, consiste nel fatto che potrai guadagnare non solo quando il titolo sale, ma anche quando scende, giocando **al ribasso**. Io lo ignoravo e, ai primi tempi della mia esperienza di trader, pensavo che, crollando la Borsa, e scendendo il titolo, l'indice fosse sempre negativo e quindi non si potesse che perdere. No, al contrario, è proprio in quei momenti che puoi guadagnare di più, lo scopriremo studiando i cicli di Borsa. Quindi se, riprendendo l'esempio di poco fa, non credi nelle azioni Parmalat, non ti piace l'azienda e dal grafico noti che il titolo sta scendendo, puoi sfruttare il momento ed investire al ribasso. Vendere al ribasso si traduce con l'espressione inglese **short selling**, ma ne parleremo più avanti.

In ogni caso, la cosa più importante è che tu scelga azioni che ti interessano. L'**analisi fondamentale** ti è molto utile per capire quale azienda hai di fronte e ti spiego il perché. Ad esempio, io mi occupo anche di immobili, lo faccio per me stesso. Mi piace studiare il mercato e andare a vedere gli immobili, sia grandi che piccoli, anche per approfondire la mia conoscenza del campo. Una cosa è certa, se vuoi investire in immobili, fallo nella tua zona, perché ne conosci il mercato, sai se le case si vendono bene, ne conosci il valore. Hai a disposizione tante informazioni in più rispetto a chi, magari, se ne interessa ma abita in un altro quartiere o addirittura in un'altra città. Hai molto di più il polso della situazione. Se c'è un affare, solo chi è del posto può coglierlo con tempestività.

Certo, se l'occasione è altrove, posso informarmi,. Ad esempio, mi propongono un negozio a Firenze, non è la mia zona e non è la mia città, quindi per capire se è un buon affare devo fare analisi fondamentale. Mettiamo, ad esempio, che i dati in mio possesso siano i seguenti: so che il negozio costa 100.000 euro, che rende il 10% annuo di questa cifra, quindi 10.000 euro. In più so che il negoziante affittuario ha un'attività in piedi da moltissimo tempo e quindi una clientela affezionata ed è praticamente impossibile che lasci il mio immobile. Concludo che è un ottimo affare, perché prendo il 10% annuo su quanto investito, quando in banca, anche un'ottima banca come la Fineco, ti danno al massimo il 3,75% all'anno.

Prima di aprire un conto in Fineco, l'avevo presso un'altra banca dove mi corrispondevano lo 0,1% annuo. Appena saputo della rendita offerta da Fineco, mi sono affrettato a trasferirli, perché lì, come ti dicevo, solo a tenerli fermi, ti riconoscono il 3,75% annuo. Quando mi sono recato presso la mia vecchia banca per fare il bonifico verso Fineco, il cassiere, trattandosi di una cifra molto sostenuta, non voleva dare seguito all'ordine: "No, no, per trasferire una cifra così alta devo interpellare il direttore", io insistevo che facesse il bonifico, in fin dei conti avevo dato ordine, avevo firmato, cos'altro c'era da dirsi? Niente da fare, è andato a chiamare il direttore che è arrivato e mi ha detto: "Ma ingegner Bruno, cosa le abbiamo fatto? Perché vuole togliere tutti i soldi?", ho risposto: "No, non mi avete fatto niente, mi date lo 0,1% all'anno di interessi, per me è troppo poco. Tra l'altro già vi avevo chiesto di aumentarlo…", perché poi quando ti trovi in banca cerchi di negoziare, "…e non lo avete fatto". Ha replicato: "Glielo possiamo portare all'1%", ho detto: "Ben svegliati!", glielo chiedevo da anni, mentre continuavano a portarmi via soldi in più; se potevano riconoscermi l'1% annuo perché non l'hanno fatto da subito? A quel punto per me era troppo tardi e l'1% era sempre troppo poco rispetto al 3,75 di Fineco, quindi ho replicato: "No, grazie, li metto su Fineco dove mi danno il 3,75", e lui "Ah, non è possibile" ed io "Va beh, non è possibile, intanto se gentilmente mi fa il bonifico…", è andato via tutto scocciato.

Quindi sappi che su Fineco, solo a tener fermi i tuoi risparmi, ti danno parecchi soldi, il 3,75% all'anno, vale sicuramente la pena provare. Ti ripaghi di certo i 5,95 euro di spesa mensile. Tra l'altro, se tieni sul conto un minimo di denaro, la spesa mensile te la abbonano e non paghi nulla. Quindi se hai dei soldi da parte, apri un conto su Fineco, sia che tu decida di tenerli fermi che di investirli.

Tornando all'esempio del negozio a Firenze, se già la richiesta per l'acquisto delle mura salisse a 200.000 euro, l'acquisto non mi converrebbe più, l'analisi fondamentale mi dice che è troppo. Perché, a quel punto, in che rapporto percentuale sono i 10.000 euro che il negozio mi rende annualmente ed i 200.000 che lo pago? Il seguente: 10.000 è il 5,00% di 200.000, a ben pensarci mi conviene di più investire su Fineco, che mi offre una rendita annua di 3,75 *a rischio zero*. Potrebbe accadere una qualche traversia al mio negozio, l'attività potrebbe fallire, non vale la pena imbarcarmi in un'avventura tanto onerosa e stressarmi coi pensieri quando, tenendo i miei soldi sul conto in banca, riesco ad ottenere quasi altrettanto.

Entra nella mentalità di calcolare quanto utile ti ritorna a partire dal tuo investimento. In banca ti offrono il 3,75%, se investi in Bot o Titoli di Stato, forse rimedi qualcosa in più. Quindi prima di investire in un negozio, o in un'attività che ti rende il 4-5% annuo, pensaci bene, non è proprio il caso. Al contrario, se ti rende il 10%, ed è un'attività solida, ci puoi anche stare.

SEGRETO n. 15: l'analisi fondamentale ti aiuta a capire, in base ad alcuni indicatori economici, se un investimento ti conviene o meno.

Però, dopo aver fatto analisi fondamentale rispetto al nostro negozio, facciamo anche un po' di analisi tecnica. L'analisi tecnica, come accennavo poco fa, studia, nel caso di un titolo, il suo grafico, l'andamento dei prezzi, il modo in cui questo è cambiato in un certo lasso di tempo, ad esempio da un anno all'altro. Nel caso di un immobile, tornando all'esempio del negozio di prima, ciò che va studiato è la zona in cui questo è situato confrontandone il prezzo con quello di altri immobili uguali o simili per posizione e metratura. Studierai, quindi, l'andamento del prezzo di mercato, che altro non è che il grafico di Borsa. Attraverso questa osservazione potresti intuire di trovarti di fronte ad un buon affare perché, ad esempio, pur trovandosi in una via piuttosto centrale, costa meno di altri negozi limitrofi, e non di poco, anche 150.000 euro in meno a parità di metratura.

E' importante utilizzare in sinergia entrambe i sistemi di analisi, sia la tecnica che la fondamentale, perché offrono informazioni diverse ma comunque molto preziose, ed è solo unendole che otterrai il risultato migliore, che aumenterai le tue possibilità di guadagnare e porterai le probabilità a tuo favore. Come al casinò, basterebbe il 3% di probabilità a tuo favore in più per guadagnare tanti soldi.

Ora vedremo come valutare un investimento dal punto di vista dell'analisi fondamentale, e lo faremo grazie ad un indicatore molto noto, il **P/E** (Price/Earnings), ovverosia il rapporto fra prezzo ed utili. Quindi, considerando sempre l'esempio del negozio, tu sai che mi procura utili per 10.000 euro l'anno, e poniamo che, per acquistare le mura, mi chiedano 200.000 euro. Andiamo a calcolare il prezzo sugli utili. 200.000 diviso 10.000 è uguale a 20. Quindi il rapporto è P/E = 20 e significa che gli utili sono il 5% rispetto al prezzo.

PREZZO = 200.000

UTILE = 10.000 (= 5% annuo)

P/E = PREZZO/UTILE = 200.000/10.000 = 20

Questo indicatore, questo numero, ti indica se si tratta o meno di un buon investimento. Ad esempio, nel campo azionario, il 5% è poco. Perché è poco? Perché abbiamo detto che il 10% mi va bene se è un negozio ultrasicuro, che ospita un'attività decennale con una clientela avviato ed un affittuario che ha sempre pagato regolarmente il canone. Allora sì, ma in un mercato come quello azionario, nel quale il rischio è elevatissimo, nel quale un'azienda può crollare del 20, del 30, e anche del 90%, quanto sei disposto a rischiare? Il tuo grado di rischio ha un valore, quindi più rischi più soldi hai diritto di guadagnare.

Quindi, a rischio zero, ti danno il 3,75% su Fineco, benissimo. Accollandoti un rischio basso, puoi pensare di acquistare un negozio in cambio del 5/10% annuo di utili; ma nel caso di un rischio elevato come le azioni, puoi pretendere di ottenere almeno il 10-20%. Cioè se investi 100.000 euro in azioni di Google, ti aspetti che l'investimento ti dia indietro almeno 10-20.000 euro all'anno. Quindi che ci sia un guadagno almeno pari al 10-20%. Nel campo delle azioni devi poter avere indietro qualcosa in più, o, meglio, il rapporto prezzo/utili deve essere diverso. Calcoliamolo:

PREZZO = 100.000

UTILI = 20.000 (20%)

PREZZO/UTILI = 100.000/20.000 = 5

Quindi un P/E = 5 è ottimo perché vuol dire che il ritorno sull'investimento è del 20%

Al contrario, un P/E = 20 è scarso perché implica un ritorno del 5%, che è poco di più di quello che ti offre la banca a rischio zero.

P/E = 5 è un ottimo affare (implica utili del 20% annuo)

P/E = 20 più rischioso (implica utili del 5% annuo)

Facciamo un esempio concreto. Poniamo che decida di quotare in Borsa la mia azienda, la Bruno Editore. Tu mi conosci, ti piace l'azienda, hai seguito i corsi, credi in me, ti piace la mia faccia e decidi di investire. Investiresti in Bruno Editore? Dipende quanto ti chiedo per azione. Facciamo un'ipotesi, diciamo che nel 2006 l'utile è stato di 100.000 euro. Mi sto quotando in Borsa quindi vado sul mercato azionario e rischio un tot. Tu credi nell'azienda, però, prima di acquistare, vuoi renderti conto della consistenza di questo parametro. Qual è il giusto valore che saresti disposto a pagare per avere l'intera azienda, quindi l'intero pacchetto azionario di Bruno Editore? Se io ti chiedessi un milione di euro per il 100% delle quote proprietarie la compreresti? La risposta è sì, certo. Acquistare l'azienda per un milione di euro e percepire un utile pari a 100.000 euro, vuol dire avere un ritorno pari al 10% l'anno. Non male per un'azienda solida, in forte crescita, e con un ottimo business. Quindi P/E = 1.000.000/100.000 = 10

Quindi se navigando sui vari siti di finanza, trovassi un'azienda che ha indicatore P/E = 10, sappi che potrebbe essere un buon affare. Sul conto Fineco mi danno il 3,75% annuo, acquistando questa azienda ti danno il 10% l'anno, ottimo, è un buon investimento.

Ma bisogna considerare anche altri aspetti. Ad esempio che la Bruno Editore, come ben sai, è in forte crescita, quindi dobbiamo valutare l'investimento anche negli anni. Ipotizziamo 100.000 euro nel 2006, 200.000 euro nel 2007, e 300.000 euro attesi per il 2008. E' possibile? Beh, conosci l'azienda, sai che ogni anno tende a migliorare, vedi uscire nuovi prodotti, credi in me quindi pensi che investire in azioni di Bruno Editore possa essere una buona idea..

Certo sarebbe bello pagarla un milione, ma non te la venderei certo per un milione. Tu saresti furbo, quest'anno arrivi ad un utile pari al 20%, poi, l'anno prossimo, magari, al 30%, quale altra attività ti dà il 30% annuo? Nessuna. Per cui, se te la vendo, lo faccio ad un prezzo maggiore, perché è un'azienda in crescita. Semplificando molto, puoi fare una media valutando i tre anni. La media risulta essere 200 mila euro annui. In media possiamo considerare un utile annuo pari a 200.000 euro. Pertanto se volessi sempre guadagnare, come mi va assolutamente bene, il 10% annuo, potresti essere disposto a pagare la Bruno Editore anche 2 milioni di euro. Giusto? La paghi 2 milioni, hai un ritorno medio di 200 mila euro l'anno ed oltretutto è un'azienda in crescita, perciò, magari tra un paio di anni potrebbe darti 400.000, 500.000, 600.000 euro annui. Con questa prospettiva 2 milioni potrebbe essere un ottimo investimento.

Se decido di venderla oggi e tu la paghi 2 milioni cosa succede? Che il P/E diventa 20, perché oggi la paghi 2 milioni e l'utile è di 100 mila euro annui.

Quindi, sfrondando il discorso al massimo, cosa possiamo dire? Che un P/E pari a 10 potrebbe essere un buon affare e minore di 10 un affare ancora migliore. Così, tanto minore è il P/E, meglio sarà. Se un'azienda che paghi 100.000 euro ti dà il 50% di utili in un anno, quale sarà il suo P/E? La paghi 100, ti dà 50, per cui il P/E è 2. Quindi da 10 in giù il P/E è davvero ottimo. Ma è molto difficile che trovi un'occasione simile.

Al contrario, un P/E pari a 20 comincia ad essere alto, però con la Bruno Editore andrebbe anche bene. Generalizzando va bene solo se l'azienda è in forte crescita, quindi in grado di moltiplicare i propri utili anno dopo anno: in questo caso si può considerare un buon investimento.

Il P/E è un indicatore importante per darti un'idea del valore di un'azienda. Alla luce di quanto abbiamo detto, se vai su Yahoo a cercare un titolo che ti interessa e ti accorgi che il P/E è pari 40, lo compri? No, perché, si dice che sia **sopravvalutato**. Se il P/E è maggiore di 20, si dice che il titolo è sopravvalutato. Se è tra il 10 e il 20 è normale, sotto i 10 è **sottovalutato.**

P/E < 10 è un ottimo affare (sottovalutato)

P/E tra 10 e 20 è buono

P/E > 20 rischioso (sopravvalutato)

SEGRETO n. 16: il P/E (prezzo/utili) è un ottimo indicatore del valore di un'azienda basato sul rendimento annuo. P/E < 10 indica un titolo sottovalutato; P/E > 20 indica un titolo sopravvalutato.

Questo indicatore ti segnala le tendenze, quindi, alla lunga, un titolo sottovalutato crescerà, ma considera anche che potrebbe trattarsi di mesi o addirittura anni.

Questa è la critica mossa dall'analisi tecnica: che te ne fai di indicatori che ti dicono quello che succederà tra così tanto tempo? La mia opinione è che, in ogni caso, anche se investi in termini di mesi, è sempre un indizio in più per decidere o meno se comprare. Quindi è meglio investire su un qualcosa che ha un P/E basso perché puoi ipotizzare che crescerà.

Attenzione, perché non è sempre così. Se un'azienda ha un P/E pari a 5 tu pensi: "Ah, è un ottimo investimento", però, aspetta, vediamo che azienda è: Parmalat. Sì, ora magari è sottovalutata, vale pochissimo, ha un P/E inferiore a 5, quindi risulta molto appetibile, ma perché? Proprio perché è appena crollata ed è andata malissimo. Ci possono essere molti motivi per un P/E basso, nel caso di Parmalat si è trattato di un crac finanziario che ha fatto crollare il prezzo dell'azione. Gli utili dell'azienda, più o meno, sono sempre gli stessi (se ci sono) ma l'azione è crollata per altri motivi.

Quindi stai attento. E' importante che tu conosca e capisca il contesto dal quale proviene l'azione, ne comprenda i motivi di fluttuazione e, a volte, sappia anticiparli. Ecco perché affiancheremo alcuni concetti di PNL allo studio del trading, ed ecco perché è importante studiare l'andamento del titolo che ti interessa. Ad esempio, nel caso degli immobili, conoscere bene la zona in cui è situato quello che ti interessa.

Mia moglie ha acquistato il titolo Disney perché le piace l'azienda, perché siamo stati a Disneyland ed abbiamo visto che si tratta di un business che funziona. Compro Google perché è un motore di ricerca noto, affidabile e ben funzionante. Io sono stato tra i primi ad utilizzarlo e continuo a farlo anche oggi. In due secondi è in grado di dare una risposta alla tua domanda con molta esattezza. Funziona molto meglio di Yahoo e di tutti gli altri siti, ed infatti è diventato il numero uno. Detto questo investiresti su Google? Certamente. Perché non solo è diventato il motore numero uno al mondo, ma è in continua espansione ed ha creato il miglior account di posta in assoluto, con una capacità di spazio infinita e tante altre funzioni. Inoltre ha creato nuovi software online tipo Office, sta sviluppando il settore della finanza ed ha creato le mappe. Hai mai visto le mappe di Google? Foto satellitari di tutto il mondo con un'ottima definizione. Giorni fa guardavo casa mia dall'alto ed in un clic mi sono ritrovato sulle piramidi...è fantastico. Se volessi provare anche tu, ti fornisco l'indirizzo che è http://maps.google.com.

Avrai capito che credo molto in Google, eppure ha un P/E pari a 44! Perché? Perché è uscito sul mercato a 130 dollari l'azione, ora è a 515 dollari per azione, quindi è sopravvalutato rispetto al suo valore effettivo.

E' il classico titolo da new economy che è schizzato verso l'alto ed ha triplicato il suo valore in pochissimo tempo, quindi è probabile che alla lunga scenda. Per un'azienda in forte crescita, può andare bene un P/E pari a 20 o poco più, mentre un P/E pari a 44 va pur giustificato in qualche modo. Ma Google è Google ed è difficile pensare ad un crollo. Infatti il titolo è forte e tiene quota e penso che lo farà molto a lungo. E' in casi come questo, un po' fuori dalla norma, che all'utilizzo del mio metodo puoi affiancare l'analisi tecnica e sfruttare questa fase per comprare e guadagnare denaro.

Quindi, ricapitolando, un P/E evidentemente troppo basso per un certo tipo di azienda, come nel caso della Parmalat, deve farmi pensare riflettere: o è un grande affare o l'azienda è in crisi e, quindi, non è il caso di comprarne le azioni. Ugualmente un P/E troppo alto mi deve far stare allerta perché il titolo è certamente sopravvalutato. A questo punto devo incuriosirmi e cercare di capire i motivi per cui è così quotato, se sia in forte crescita o altro. Nel caso di Google, di cui ci occupavamo prima, il problema non si pone. Lo conosciamo e sappiamo che il titolo ha un P/E molto alto perché è in estrema e costante crescita, non ci sono altri segreti da scoprire.

Però stai sempre attento e tieniti pronto ad uscire per tempo se il titolo dovesse dare segnali di crollo. Ecco perché è importante fissare uno stop, perché ti permette di uscire velocemente nel punto al di sotto del quale avevi deciso di non andare, senza perdere tempo e soldi.

Il presidente di Tiscali, Renato Soru, diversi anni fa, ha creato una buona azienda, ha offerto la connessione gratuita a tutti ed ha ottenuto un mare di abbonati. L'azione poi, nel tempo, è arrivata a moltiplicarsi per cento volte. Qual è il problema? Sembra un percorso assai lineare. Tuttavia, se ti soffermi a fare analisi fondamentale sul titolo Tiscali, ti rendi conto che non era affatto un buon affare acquistarlo, il P/E, infatti, era sotto zero in quanto l'azienda non aveva utili, il titolo è sempre stato in perdita. Quindi il rapporto tra un prezzo elevatissimo di acquisto dell'azione ed una totale assenza di utili ci porta a dire che non vi era un P/E.

Però, chi allora avesse studiato esclusivamente il suo grafico, che stava salendo, avrebbe potuto decidere di investire ugualmente nei suoi titoli. Occorreva stare molto più attenti, perché dal P/E era chiaro che fosse un'azione enormemente sopravvalutata. Quindi, in realtà, non poteva valere quel prezzo. Compreresti la Bruno Editore a 100 milioni di euro se sapessi che ogni anno perde un milione di euro? No! Un mio amico che ha perso molti soldi su Tiscali ora si mangia le mani perché ha capito che la cosa era prevedibile ed evitabile, gli sarebbe bastato studiare un minimo di dati e seguire il metodo. Quindi lascia correre le perdite e prendi il guadagno, ma se il titolo riscende, taglia inserendo uno stop.

Vuoi conoscere un segreto? La prima volta che riuscirai a tagliare le perdite, prendendoti i profitti, ti sentirai bene, molto bene, perché ti sarai liberato di un titolo che in quel momento ti sta angosciando. Può darsi che il titolo sarebbe salito ancora un po', e che, quindi, avresti potuto guadagnare di più, ma la sensazione di benessere che ti darà l'aver agito con intelligenza, rafforzerà la tua convinzione nell'uso della strategia. Altrettanto difficile è vendere quando un titolo sta scendendo, perché speri sempre che risalga, però, nel momento in cui te ne liberi, che pace!

Ok, dove lo trovo il P/E delle azioni? Yahoo Finanza (http://it.finance.yahoo.com/) evidenzia il P/E di tutti i titoli.

Quindi può esserti molto utile, perché ti evita di perdere un sacco di tempo in calcoli. Se cerchi il P/E di Google sulla pagina finanziaria di Yahoo, ti accorgerai che un suo titolo vale ora 514,13 dollari e sta ancora salendo, lo vedi dal grafico, con un P/E pari a 44.

SEGRETO n. 17: Yahoo Finanza ti fornisce già calcolato il P/E di praticamente tutti i titoli del mondo.

Fino a circa un anno fa, Yahoo non forniva il P/E dei titoli italiani. Oggi il P/E è calcolato su praticamente tutti i titoli. Se però non lo dovessi trovare e fossi particolarmente interessato a quell'azienda, c'è una soluzione che ti consente di andare ancora più nello specifico. Collegati al sito di Borsaitalia.it, cerca il titolo e, a partire da quello, risali al numero di titoli in circolazione, al loro valore ed al valore dell'azienda. Il totale del numero di azioni di un'azienda per il loro valore, dà come risultato la **capitalizzazione** ovvero il valore dell'azienda, il valore complessivo delle sue azioni.

A questo punto hai già in mano uno degli estremi necessari per calcolarti il P/E, ovvero il prezzo dell'azienda; ora devi riuscire a scoprire l'utile annuo più recente. Se sei fortunato, riesci a trovarlo sul sito stesso di Borsaitalia oppure sul sito dell'azienda. A questo punto non ti resta che fare il rapporto.

Prendiamo un titolo a caso, ad esempio Buongiorno Spa. Scopri che ha un capitale azionario pari a 245 miliardi e che l'utile dell'ultimo anno ammonta a qualche miliardo. Calcoli che il P/E = 19 e che, quindi, il titolo non è sopravvalutato né sottovalutato in questo momento. Yahoo ci conferma i medesimi dati se cerchi il titolo su Yahoo Finanza.

Se non riesci ad ottenere i due termini dell'operazione per conoscere il P/E neanche attraverso Borsaitalia, ha un'altra possibilità.

Puoi andare sul sito dell'azienda che ti interessa; lì, in genere, trovi notizie utili in icone come "investors relationship" o "ufficio stampa". Perlomeno dovresti arrivare a conoscere il bilancio aziendale, che va obbligatoriamente reso noto, e, da quello, arrivare poi agli utili. Una volta calcolati gli utili, è facile dedurre il P/E.

Ora sembra facile a dirsi, ma io, per scovare il sistema, individuare tutte le risorse e capire come fare, ci ho messo una vita. Proprio per questo ho scritto questa guida, per rendere tutto più facile anche a te.

RIEPILOGO DEL GIORNO 3:

- SEGRETO n. 14: la prima scelta da fare è nel tuo cuore, quindi non investire mai al rialzo su aziende che non ti piacciono.

- SEGRETO n. 15: l'analisi fondamentale ti aiuta a capire, in base ad alcuni indicatori economici, se un investimento ti conviene o meno.

- SEGRETO n. 16: il P/E (prezzo/utili) è un ottimo indicatore del valore di un'azienda basato sul rendimento annuo. P/E < 10 indica un titolo sottovalutato; P/E > 20 indica un titolo sopravvalutato.

- SEGRETO n. 17: Yahoo Finanza ti fornisce già calcolato il P/E di praticamente tutti i titoli del mondo.

GIORNO 4: Analisi dei Livelli Logici e PNL

Io trovo molto importante associare allo studio dell'azienda, quello della <u>PNL</u>, la Programmazione Neuro-Linguistica. Lo faccio per prima volta in Italia, e probabilmente nel mondo. Applicata non per fare formazione aziendale, come si usa in genere, ma per capire con quale tipo di azienda ti trovi ad avere a che fare. Quindi, tornando all'esempio di prima, magari hai passione per la Disney, però che azienda è la Disney? Che azienda è Parmalat? Che azienda è Microsoft?

Puoi studiare l'azienda attraverso i **livelli logici**. I livelli logici sono un modello di analisi creato da Robert Dilts, uno dei più grandi trainer di Programmazione Neuro-Linguistica, che lui usa, appunto, per fare formazione aziendale.

Parto da un esempio che riguarda l'azienda Xerox, produttrice di macchine fotocopiatrici, che qualche decennio fa ha vissuto una grandissima crisi. Tutto è iniziato il giorno in cui un suo dirigente si recò nella redazione di un giornale molto all'avanguardia e si spaventò perché si rese conto che non esisteva più alcunché di cartaceo, ogni cosa era stata digitalizzata con i computer. Tornò in azienda costernato e convinto che non ci fosse più spazio per le fotocopie a questo mondo, che il loro filone dorato si sarebbe chiuso per sempre da lì a pochi anni. Ovviamente la redazione visitata era certo un caso limite, tutto computerizzato, tutto riportato in file elettronici, probabilmente altre cento redazioni lavoravano ancora in maniera tradizionale. In ogni caso il dirigente era ormai convinto di doversi inventare qualcosa di nuovo per riemergere ed ebbe l'infelice idea di iniziare a produrre computer.

Ora, qual è il problema? Nell'immaginario collettivo la Xerox è corrispondente ad una macchina fotocopiatrice, produrre qualcosa d'altro fa uscire l'azienda dalla propria *identità*. La loro missione, a quel punto, non era più produrre fotocopiatrici, ma computer. Al contrario un'azienda di successo deve essere allineata, quindi creare prodotti sempre dello stesso tipo ed accessori a quei prodotti. Al limite può cambiare produzione in settori secondari, ma mai nel principale. Un mutamento tanto radicale, invece, tende a confondere la clientela. Quindi, in seguito, Robert Dilts grazie agli insegnamenti del maestro Richard Bandler, fondatore della PNL, lavorò con la Xerox per ricreare un allineamento. Tornarono a concentrarsi sulla produzione di fotocopiatrici migliorandole, dotandole di nuove funzioni, velocizzandole, rendendole elettroniche, compatibili con i file, meno ingombranti e così via. La vera rivoluzione è consistita nel rimanere nella propria identità adattandosi, però, alle nuove idee e scoperte tecnologiche.

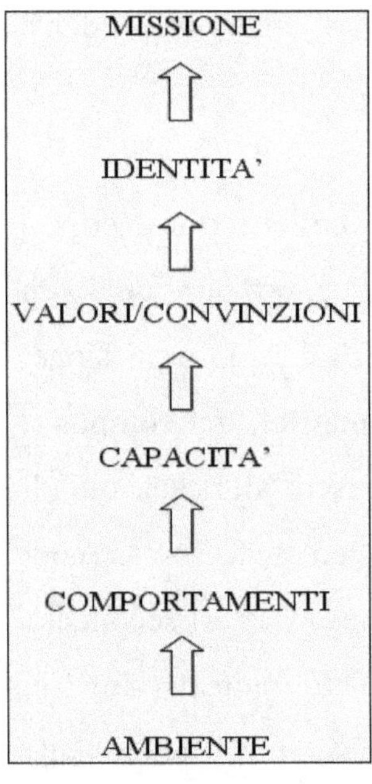

L'identità è solo uno dei **6 livelli logici**: ambiente, comportamenti, valori e convinzioni, identità, missione. Per capirci, un'azienda lavora in un suo **ambiente**, adotta dati **comportamenti** verso l'esterno, i suoi lavoratori hanno alcune **capacità**, i suoi dirigenti hanno **valori** e **convinzioni** che la clientela percepisce. Quindi si può dire che l'azienda abbia una sua **identità**, e una sua **missione** che la guida e che i suoi dipendenti dovrebbero conoscere e condividere. Nei casi in cui mi sono occupato di formazione aziendale, la prima cosa a cui ho guardato è stata la missione. Volevo capire chi erano, se ne avevano realmente una.

Se un'azienda non ha una missione, se non ha dei valori ben chiari e definiti, che cosa può trasmettere al personale? Poco o niente. Invece comunicarla, renderla nota anche scrivendola, è positivo. Maggiore è la nostra chiarezza, più saremo coerenti verso i dipendenti, più lo saremo nei confronti dei clienti. Se un'azienda non è allineata, non avrà tanto successo, e questo può essere un vantaggio, per me che sono interessato alle sue azioni, per capire se il P/E corrisponde a verità o meno.

Quindi io so che un P/E basso, pari a 5, corrisponde ad un'azienda sottovalutata, che probabilmente crescerà nel lungo termine. A questo punto faccio un controllo incrociato utilizzando i livelli logici di Dilts. Se riscontro che si tratta di un'azienda di qualità, che funziona, che ha dei valori definiti ed una sua missione, posso sicuramente credere che si tratta solo in un momento di difficoltà e che le sue azioni risaliranno, quindi posso pensare di comprare con maggiore tranquillità. Se, al contrario, mi rendo conto che all'azienda che sto studiando tutti questi requisiti mancano, ci devo pensare meglio e devo verificare altri parametri. Avrò mai dei dati certi per vendere o comprare? No, perché le certezze in Borsa non esistono. Però più aumento le mie conoscenze sull'azienda che mi interessa, più crescono le mie probabilità di eseguire un investimento vincente.

SEGRETO n. 18: la PNL e l'analisi dei livelli logici di un'azienda servono per verificare la correttezza del P/E trovato con l'analisi fondamentale.

Le aziende più forti in Borsa, quelle che sono in continua crescita, hanno i livelli logici profondamente allineati, e tutti i dipendenti, dal primo all'ultimo, hanno lo stesso obiettivo comune: il bene dell'azienda. I dirigenti devono essere i primi ad essere allineati, perché sono loro a guidare gli altri.

Bill Gates è sicuramente un uomo congruente con se stesso al 100 per cento, ha chiari i suoi valori, le sue convinzioni, la sua identità e così via. Allineamento totale su tutti i livelli, ecco perché è diventato l'uomo più ricco del mondo e ha creato l'impero Microsoft.

Solo quando hai chiaro il tuo nucleo, le tue verità più profonde, ti comporterai di conseguenza. I tuoi comportamenti dovranno essere allineati ai tuoi valori, ai tuoi pensieri, alla tua missione ed ai tuoi obiettivi. Nella mia personale esperienza, trovo questi livelli straordinari. Questo schema mi ha offerto la possibilità di integrare qualsiasi cosa facessi o studiassi, in ogni aspetto della mia vita.

Nell'ambito del mio lavoro di formatore, è anche un ottimo metodo, per analizzare le situazioni di persone o aziende. Quando un'azienda mi chiama a fare formazione dicendomi: "Questi venditori non sono bravi, non riescono a chiudere un numero abbastanza elevato di contratti, non raggiungono risultati soddisfacenti", io prima di dire: "Va bene, vi faccio questo corso di formazione della durata di due giorni, del costo di 5.000 euro...", chiedo: "Siete sicuri che il problema sia a livello di *capacità* dei vostri venditori, siete certi che non sappiano vendere?", infatti è anche possibile che si tratti di un problema ambientale. Magari i dipendenti sono costretti a ricevere persone in un *ambiente* troppo piccolo e angusto, con un caldo soffocante o un freddo raggelante. Può darsi, poi, che si tratti di un ambiente molto litigioso dove i venditori non riescono a trovarsi a proprio agio. Ancora, potrebbe trattarsi di un problema di ordine *comportamentale*, per cui i venditori non agiscono abbastanza, o non possiedono la necessaria *abilità*. In quest'ultimo caso il corso di formazione è la risposta più giusta. Tuttavia il problema potrebbe anche essere di altro genere, e cioè a livello di *convinzioni* dei venditori piuttosto che di comportamento. Quindi mentre nel caso precedente potrei avere a che fare con venditori convinti di saper vendere ma non abili a farlo, in questo caso avrei a che fare con venditori convinti di essere incapaci nel proprio lavoro o che non credono nella propria azienda e qui, di certo, il problema è più grave.

In questo caso la persona potrà fare tutti i corsi di formazione che vuole, ma se prima di tutto non crede in se stesso o nella sua azienda, lo trasmetterà e, in entrambi i casi, non otterrà i risultati sperati. Infatti se il venditore non crede nel prodotto, anche se pensa di essere un buon venditore, non concluderà un numero sufficiente di contratti perché sa di non avere un buon prodotto da proporre. Se, pur avendo un buon prodotto, non crede in se stesso, si ritiene talmente inabile da non riuscire comunque a portare a termine un discreto numero di vendite.

I veri venditori si riconoscono, sono quelli che lavorano, ad esempio, a provvigione e non a stipendio fisso perché sanno di essere talmente capaci da riuscire, in questo modo, a guadagnare molto meglio. Una volta mi è capitato, durante un corso di vendita, di chiedere del suo lavoro ad una persona che si vantava di essere un buon venditore: "Lavori a provvigione o a stipendio fisso?", lui replicò: "Un po' ed un po'. Mi fanno comodo i guadagni in più percepiti a provvigione ma apprezzo anche la sicurezza dello stipendio fisso". Tuttavia questa risposta può rappresentare un conflitto di *identità*, questo non lo aiuterà nei rapporti con i clienti e non otterrà gli stessi risultati che avrebbe raggiunto se fosse stato convinto di essere un venditore talmente bravo da poter lavorare solo a provvigione.

Missione e spiritualità sono i nostri obiettivi, ciò che ci muove per raggiungere la nostra meta più lontana, la traccia che vogliamo lasciare per il giorno in cui non ci saremo più. Io guardo la mia vita passata e mi chiedo: "Cosa ho concluso di buono? Ho avuto chiara la mia missione? Ho raggiunto i miei obiettivi?", se la mia missione mi è stata chiara sin dal principio, sono in grado di allinearvi la direzione in cui andare ed i miei principi, ed è logico che, con questi presupposti, impiego assai meno tempo per decidere. Mi capita un'opportunità, la colgo al volo, incontro una persona che mi vuole portare fuori strada, la evito. Se, al contrario, non so chi sono, è molto più facile che un'esperienza sbagliata mi possa deviare. Per avere una direzione certa, devo essere conscio del mio stato attuale, cioè dove sono ora, e devo avere ben chiaro il mio stato desiderato, ovvero dove voglio andare. Questo mi permette di tracciare una retta che unisca i due punti e mi indichi una precisa direzione da seguire.

Secondo te tutte le aziende quotate in Borsa hanno una *direzione* ben fissata da seguire? Una direzione che sia un faro e una guida per migliaia di dipendenti? Ad esempio, un'azienda che in passato ha avuto un crack finanziario ha un'identità incerta, non si sa bene cosa i suoi dirigenti stiano combinando. Se ci sono dei valori, in questo momento potrebbero essere molto dubbi, le persone che ci lavorano hanno fatto un grande caos fino a ieri, quindi non so se da un giorno all'altro possono cambiare completamente e, con loro, l'azienda. Magari, guardando solo il P/E, si potrebbe valutare di comprare in attesa di una veloce risalita, ma un'analisi sui livelli logici della PNL potrebbe affermare il contrario. Nel dubbio meglio astenersi, perché ti conviene investire solo quando hai le possibilità a favore.

Google ha un P/E altissimo, veramente fuori dalla norma, però cosa mi offre in cambio secondo i livelli logici? Mi mette a disposizione un portale ricchissimo, veloce, efficiente, di immediata comprensione, con moltissime funzioni, ha una missione chiarissima esplicitata nel sito, dove puoi anche guardare le facce delle persone che l'hanno creata. Si tratta di due ragazzi giovani, molto motivati ancora oggi, che seguono in ogni momento tutto il lavoro, che, ad oggi, hanno oltre 2.500 dipendenti.

In più Google non è intrusivo. Per rendersene conto basta osservare la differenza tra Yahoo e Google riguardo agli sponsor. Io sono sensibile a questa differenza perché, facendo pubblicità su Google, me ne sono reso conto. Google non è affatto invasivo per niente nei confronti dell'utente, non mescola sponsor e risultati della ricerca. Mette gli sponsor su una finestrella laterale, e, anche quando ci sono un paio di sponsor in alto, i risultati non sponsorizzati della ricerca sono ben definiti. Yahoo, invece, mette gli sponsor in alto, spesso anche tre, tanto da sembrare risultati della ricerca. Ciò può risultare fuorviante per l'utente che, notandolo, potrebbe pensare che un'azienda che intende fuorviare i suoi utenti per incassare più soldi con la pubblicità, non ha valori condivisibili da un onesto fruitore. Personalmente non ci investirei, perché ha più riguardo al denaro che non alla funzionalità, all'efficacia ed alla cura del cliente. Al contrario, Google si è creato una identità di grande affidabilità e cura del cliente, ciò ha richiamato moltissimi utenti che condividono quei valori e, per questo, guadagna moltissimo.

SEGRETO n. 19: l'analisi dei livelli logici ti permette anche di verificare l'allineamento interno di un'azienda verso la propria missione e i propri obiettivi finanziari.

Quindi, dal punto di vista della PNL, i primi tre livelli cui occorre avere riguardo nello studio di un'azienda sono 1) la missione, 2) l'identità, 3) i valori e le convinzioni. Poi vanno considerate anche le capacità tecniche dei dipendenti dell'azienda, quindi l'efficienza del portale. Yahoo è più lento di Google, la cui home page si apre in un istante ed in meno di due secondi è in grado di offrirti i risultati richiesti. Google si sta espandendo in tutto il mondo e lo sta facendo anche Yahoo, quindi lavorano nello stesso ambiente. Ora Google si sta espandendo anche nel settore finanziario dove Yahoo era leader. Può darsi che prima o poi lo scalzi, innalzandosi così ancor più il valore delle sue azioni.

Queste proiezioni ti possono offrire ulteriori dati preziosi ai fini della tua valutazione. La cosa che maggiormente devi tenere in considerazione è, però, la condivisione di valori tra te e l'azienda che ti interessa. Prima ti parlavo in senso negativo del fatto che Yahoo tende a mescolare pubblicità e risultati al termine di una ricerca, ma se condividi questo punto di vista, se pensi che questo serva a far cliccare un maggior numero di utenti sulla tua pubblicità e che, quindi, valga la pena farlo, puoi investire in azioni Yahoo.

Da un punto di vista economico, ciò che conta per un'azienda sono gli utili, quindi potresti passar sopra al fatto che un atteggiamento simile non sia proprio il massimo dell'eticità e della correttezza nei confronti dei clienti. Il comportamento dell'azienda deve essere congruente con i *tuoi* valori, sei tu che diventi a tutti gli effetti loro socio, quindi investi unicamente sulle azioni delle aziende che ti piacciono.

SEGRETO n. 20: con l'analisi dei livelli logici puoi verificare in profondità se l'azienda su cui intendi investire ha valori e obiettivi che tu stesso condividi.

Questo è un metodo di analisi che tende a dedurre informazioni, che interpreterai secondo la tua mappa interiore ed i tuoi valori. Tale atteggiamento è importante perché ti permette di vedere se esiste un allineamento tra ciò che l'azienda dice di fare e ciò che realmente fa. L'identità è qualcosa su cui insegno a lavorare anche a chi vuole smettere di fumare o vuole dimagrire. Ad esempio, se un fumatore, ad un certo punto decide di smettere di fumare, cosa fa? Probabilmente butta il pacchetto di sigarette che ha in tasca. Tuttavia questo non basta, la prima cosa da fare è cambiare il proprio atteggiamento mentale, altrimenti continuerà a pensare da fumatore. Fino a che continua a sentirsi fumatore, non riuscirà a smettere di fumare. Bisogna allineare la propria identità ai propri comportamenti.

Così fa il grande mangiatore che decide di mettersi a dieta e stabilisce di eliminare pasta e dolci. Ma, una volta presa una tale drastica decisione, non fa altro che pensare al cibo, e, in particolare, a pasta e dolci, anche perché sono le due cose più buone al mondo, e contemporaneamente continua a pensare che l'insalata gli fa orrore e non gli dà nessun piacere. Se non cambia atteggiamento mentale, accontentandosi di porzioni minori e privilegiando una vita più sana ed attiva, non riuscirà mai a dimagrire. Si deve sentire una persona sana nell'identità, non un gran mangiatore che si sta sacrificando e muore di fame, altrimenti la dieta dura una settimana e poi tutto ricomincia come prima.

Ci vuole allineamento, nelle singole persone, nei dirigenti, nell'azienda. Per verificarlo poniti le seguenti domande:

AMBIENTE

Qual è lo specifico contesto ambientale nel quale l'azienda svolge la sua attività? Come è posizionata sul mercato? In quali Paesi e settori opera?

COMPORTAMENTI

Quali sono i comportamenti specifici associati a questa azienda? Che cosa fa esattamente? Come si muove? Come si comportano i suoi addetti nella vendita? E nella produzione? E nell'assistenza clienti?

CAPACITA'

Quali capacità hanno i dirigenti dell'azienda? E i dipendenti? I venditori? L'ufficio stampa? L'ufficio marketing?

VALORI & CONVINZIONI

Quali valori sono espressi dall'attività svolta dall'azienda? Quali sono i valori più importanti che vengono trasmessi ai clienti? Che convinzioni circolano su questa azienda? Perché l'azienda lavora in questo settore? Cosa motiva i dirigenti?

IDENTITA'

In che modo l'azienda esprime la sua identità nell'attività che svolge? Chi è l'azienda? Chi è il presidente? Chi sono i dirigenti?

MISSIONE

Qual è la missione dell'azienda? In che modo la missione è espressa dai prodotti o dal personale dell'azienda?

L'allineamento dei livelli è importante per ottenere risultati e affidabilità. Per questo dobbiamo cercare aziende congruenti, allineate, nelle quali ciascun livello corrisponda allo stesso concetto, alla stessa visione.

SEGRETO n. 21: le domande sui livelli logici ti permettono di scoprire in profondità chi è l'azienda sulla quale stai pensando di investire.

Ti ricordi quando, nel 1997, la Mercedes ha lanciato sul mercato la Classe A? Una nuova fiammante auto era uscita dalle fabbriche delle casa tedesca con una campagna pubblicitaria costata miliardi. Ma qualcosa andò improvvisamente storto: un giornalista svedese, Teknikens Värld, che stava provando l'auto per una recensione su un prestigioso mensile del settore, durante il "test dell'alce" si ribaltò e rimase ferito. La foto della Classe A fece il giro del mondo e divenne la copertina di decine di giornali e riviste. La macchina risultava troppo alta e instabile. Un danno di miliardi di euro, a pochi giorni dal lancio.

Sai cosa ha fatto la Mercedes? Ha deciso di ritirare dal mercato le migliaia di auto già distribuite, di ripensarne completamente assetto e sospensioni e aggiungere il costosissimo ESP, il sistema di controllo della stabilità che allora era a disposizione solo di auto di altissimo livello e cilindrata. Senza nessun costo aggiuntivo. Mercedes ha scelto come valori qualità e affidabilità. Non il valore denaro, che per molte aziende rappresenta la prima cosa. Qualità e affidabilità, i due valori che, da sempre, contraddistinguono la marca tedesca. Questo intendo per coerenza e allineamento.

Un'altra azienda, meno famosa di Mercedes, che mi ha convinto e sulla quale ho investito qualche tempo fa è Buongiorno Spa, sito noto soprattutto per la sua diffusissima newsletter. Perché l'ho fatto? Perché li conosco molto bene. Hanno iniziato nel 1995 con una newsletter denominata, appunto, Buongiorno e che ha la caratteristica di inviare ogni giorno un pensiero carino e divertente. Questa newsletter ha avuto molto successo, ottenendo una grande quantità di iscritti. Il presidente, Mauro Del Rio, partendo dalla sua newsletter, ha creato un'azienda, divenendo il numero uno in Italia nel settore delle newsletter e dei servizi via email. Quindi, ad esempio, io hai un tuo sito e vuoi crearti una newsletter, ti rivolgi a Buongiorno e loro ti gestiscono il database, le iscrizioni, le cancellazioni e così via. In cambio inseriscono sulla tua newsletter brevi messaggi pubblicitari. Se mettono pubblicità di terze persone, quindi sponsor, addirittura ti pagano denaro.

Ai tempi della new economy, quando la pubblicità online funzionava davvero bene, erano disposti a pagare moltissimi soldi, e, a loro volta, ne guadagnavano altrettanti, ovviamente. E' comunque un'azienda che ha sempre funzionato bene, della quale conoscevo il presidente, che apprezzavo, così come il team, tutte persone cordiali, con dei valori, motivate e profondamente convinte del loro contributo all'azienda. Oggi sono diventati i numeri uno dei servizi per i cellulari, come la fornitura di suonerie ed altro. Hanno acquistato decine di aziende all'estero, ormai in tutto il mondo, in Brasile, in Sud America, in Europa e così via. Hanno acquistato il sito di Vitaminic, che era un numero uno in Italia nei servizi musicali. Insomma si sono ingranditi parecchio. E' un'azienda in cui io credo ed un titolo che funziona, per cui vi ho investito diverse volte, con ottimi risultati.

Puoi fare questa analisi su tutti i titoli che vuoi. Li scegli in base alla tua passione, controlli i valori del P/E che trovi su Yahoo Finanza, fai un'analisi dei livelli logici con la Programmazione Neuro-Linguistica e sei a posto. A quel punto puoi passare al successivo passaggio di conferma, quindi all'analisi del grafico attraverso analisi tecnica e analisi ciclica. Più informazioni hai, meglio è per il tuo investimento.

SEGRETO n. 22: più analisi svolgi su un'azienda, più queste si confermano a vicenda, maggiori sono le probabilità a favore per un investimento vincente.

RIEPILOGO DEL GIORNO 4:

- SEGRETO n. 18: la PNL e l'analisi dei livelli logici di un'azienda servono per verificare la correttezza del P/E trovato con l'analisi fondamentale.

- SEGRETO n. 19: l'analisi dei livelli logici ti permette anche di verificare l'allineamento interno di un'azienda verso la propria missione e i propri obiettivi finanziari.

- SEGRETO n. 20: con l'analisi dei livelli logici puoi verificare in profondità se l'azienda su cui intendi investire ha valori e obiettivi che tu stesso condividi.

- SEGRETO n. 21: le domande sui livelli logici ti permettono di scoprire in profondità chi è l'azienda sulla quale stai pensando di investire.

- SEGRETO n. 22: più analisi svolgi su un'azienda, più queste si confermano a vicenda, maggiori sono le probabilità a favore per un investimento vincente.

Giorno 5: Analisi Tecnica e Media Mobile

Abbiamo visto come scegliere i titoli e quanto sia importante la PNL nello studio dei livelli logici di un'azienda per capire se è davvero quella giusta per noi. Abbiamo visto che l'analisi fondamentale ci dice quanto, più o meno, può valere l'azienda stessa. Il P/E è uno dei tanti indicatori dei quali ci si può avvalere in analisi fondamentale. E' quello forse più usato, più semplice da spiegare e da calcolare, più alla portata di tutti, ed è per questo che ti consiglio di utilizzarlo, anche perché è l'unico che trovi già calcolato sui siti di finanza.

Come ti ho detto, il P/E è un indizio, uno dei tanti che ci aiutano a portare le probabilità verso di noi. Come? Più studiamo, più conoscenze acquisiamo, più sappiamo e più probabilità abbiamo di vincere. Quindi, se dopo aver studiato i livelli logici dell'azienda che ci interessa, ci rendiamo conto che sono allineati, che l'azienda è forte, in crescita in un buon settore e con dirigenti capaci, bene, è già una buona base per pensare di acquistarne le azioni. Se poi, attraverso l'analisi fondamentale ci rendiamo conto che il P/E è basso e quindi il titolo è sottovalutato, capiamo che si tratta di un buon investimento perché prima o poi il titolo salirà; oppure, al contrario, un P/E alto ci può dire che non è il caso di comprare perché il titolo potrebbe scendere nei prossimi tempi, in quanto sopravvalutato. Sono dati da conoscere per portare le probabilità a nostro favore.

L'analisi tecnica non ritiene indispensabili gli indicatori dell'analisi fondamentale perché qualsiasi cosa riguardante il bilancio, le news, gli assetti societari, la qualità e l'identità dell'azienda, sarebbero già contenuti nel prezzo del titolo ed in nessun modo noi potremmo più influirvi. Secondo l'analista tecnico, il prezzo di questo istante è la somma totale di tutto ciò che riguarda l'azienda sino ad oggi. Infatti, se un'azienda ha una forte identità, è normale che lo sappiano già tutti, quindi chi doveva comprare ha già comprato e chi voleva vendere ha già venduto.

SEGRETO n. 23: secondo l'analisi tecnica il prezzo di un'azione in questo istante è la somma totale di tutto ciò che riguarda l'azienda sino ad ora.

In teoria l'unica cosa che può far cambiare il prezzo è una news in tempo reale. C'è chi ha speculato guadagnando molti milioni di dollari sul crollo delle Torri Gemelle a New York e ti spiego il perché. Un attentato del genere è una cosa assolutamente imprevedibile, chi è attento ed è abituato a investire in Borsa sa come funzionano i mercati, quindi l'11 settembre del 2001 si è precipitato a investire al ribasso sulle azioni delle compagnie aeree, che era certo sarebbero crollate di lì a poco. In quell'occasione, infatti, sono crollati tantissimi titoli e comunque tutti hanno subito una scossa, anche quelli italiani di qualsiasi settore, perché un evento mondiale del genere mette paura e la gente tende a vendere.

A parte questi rari casi, legati ad aventi eccezionali o drammatiche contingenze, il grafico dell'azione dovrebbe contenere già tutte le informazioni disponibili fino a quel momento. Quindi, attraverso l'analisi tecnica, tu studi il **grafico** delle azioni di un'azienda e ti fai un'idea del modo in cui stanno andando le cose in quel momento e in generale nell'ultimo periodo. L'intervallo lo scegli tu: puoi monitorare l'andamento del giorno stesso (intraday) o quello del grafico a 3 mesi, un anno, 5 anni e così via. Sul sito di Yahoo Finanza trovi i grafici di tutte le azioni quotate in Borsa. Ecco un esempio:

L'analisi tecnica si basa sullo studio del **trend**, del quale avrai sicuramente sentito parlare. Il concetto di trend ha origini piuttosto antiche, per la precisione fine 1800, anni in cui Charles Dow, da cui ha mutuato il nome l'indice americano Dow-Jones, creò la teoria del trend. Nella sua definizione, il *trend* è la direzione dell'andamento del titolo e può essere al rialzo (quando cresce) e al ribasso (quando è in calo).

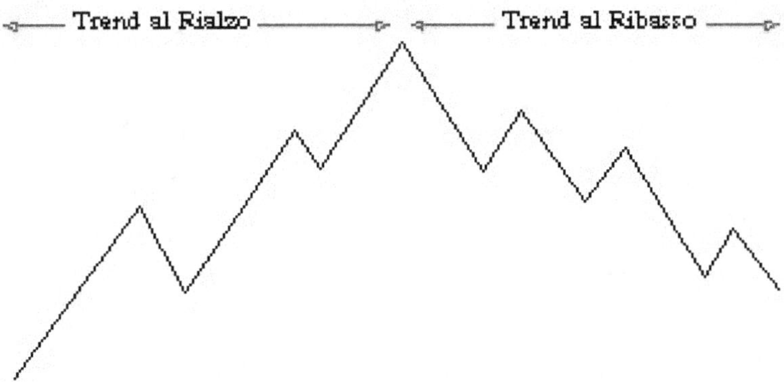

Un **trend al rialzo** ha i massimi e i minimi crescenti. I massimi sono le punte verso l'alto ed i minimi sono le punte verso il basso. Nella prima parte del grafico che puoi vedere nell'immagine, i massimi ed i minimi sono crescenti. Per visualizzare il trend al rialzo è sufficiente che tu unisca con una linea tutti i massimi e tutti i minimi e ti accorgerai che disegnano due linee in salita. Si ha trend al rialzo quando il grafico presenta sia massimi che minimi crescenti.

Al contrario abbiamo un **trend al ribasso** quando sia i massimi che i minimi sono decrescenti. Anche in questo caso è facile visualizzarlo, basta tracciare due linee che congiungano i picchi minimi e massimi.

Questa è la definizione di base. Quindi, per farla breve:

TREND AL RIALZO:

- massimi crescenti

- minimi crescenti

TREND AL RIBASSO:

- massimi decrescenti

- minimi decrescenti

Questa teoria ha più di un secolo ma è stata confermata negli anni e poi nei decenni ed è ancora più che valida. Per sincerartene prendi in esame il grafico di un'azione e renditi conto della direzione in cui sta andando e, quindi, di quale sia la sua utilità. Tutto quello che ti serve per vincere in Borsa è seguire il trend, perché il trend ti dice in che direzione sta andando un certo titolo e ti permette di ipotizzare dove arriverà da qui ad un certo tempo. Prevedere il futuro di un'azione è tutto quello che ti serve, e i trend ti aiutano in questo.

Non andare MAI contro il trend. Molti trader inesperti pensano di fare il colpo grosso andando contro il trend, cercando di anticipare una svolta, ritenendo, quindi, di riuscire a prendere minimi e massimi. In realtà è molto difficile se non impossibile. Quindi se riesci ad individuare un trend seguilo come un fedele amico. "Trend is your friend" dicono gli americani.

Se prendi in considerazione un certo punto del grafico in cui i massimi sono crescenti ed i minimi crescenti ciò che pensi è che l'azione non può far altro che salire. Ovviamente non è sempre così, e seppure questo è accaduto nella storia passata del grafico dell'azione, non c'è alcuna garanzia che il futuro confermi il passato, però il trend positivo potrebbe continuare ancora per un po'. Si tratta ancora una volta di avere le probabilità dalla nostra parte. Semplicemente hai più probabilità dalla tua parte se segui il trend piuttosto che andargli contro.

SEGRETO n. 24: il trend ti indica la direzione di un'azione nell'ultimo periodo e quindi ti permette di ipotizzare dove andrà, aumentando le probabilità a tuo favore.

E' anche vero che se il trend sta salendo da parecchio, forse potresti essere sul picco di un ciclo e quindi potrebbe star per iniziare una discesa. In tal caso sai che potrai guadagnare ancora per poco, quindi non ti conviene comprare, piuttosto affrettati a vendere perché devi aspettarti una frettolosa discesa del titolo. Lo vedremo meglio parlando di *analisi ciclica* nel prossimo capitolo. Il trend è solo uno degli indizi che ti servono per vincere in Borsa, quindi da solo non ti basta, però può costituire un'importante conferma al tuo investimento e alle ipotesi già formulate con l'analisi fondamentale e l'analisi della PNL.

In tutto questo non dimenticare mai la regola d'oro: lascia correre i profitti e taglia le perdite. Se, ad esempio, tu dovessi fare un investimento decidendo solo in base al trend, semplicemente compra e metti uno stop loss sotto al tuo punto di acquisto, aggiornando il livello dello stop man mano che il titolo sale. In questo modo, seppure il trend dovesse cambiare ed il titolo dovesse improvvisamente scendere, il tuo broker venderà automaticamente il tuo titolo al punto prefissato e tu manterrai il tuo profitto. Poi scopriremo che vi sono delle tecniche anche per prevedere l'andamento del trend, intanto, però, tieni sempre presente la regola d'oro. In questo modo potrai riuscire comunque a guadagnare bene e a non perdere nulla anche in ipotesi di ridiscesa del titolo.

Quando ti trovi di fronte ad un trend al rialzo, l'investimento è abbastanza facile: compri in previsione che il titolo salga e rivendi quando è salito.

Ma che succede se il trend è al ribasso? Io mi sono posto questa domanda proprio nel periodo nero della Borsa, quando, dopo il boom della new economy, le Borse di tutto il mondo erano in costante perdita. Il trend era chiarissimo e visibilmente al ribasso. Se fosse stato altrettanto chiaro al rialzo avrei fatto tantissimi soldi, ma così cosa potevo fare? Dovevo semplicemente stare a guardare e aspettare tempi migliori?

Assolutamente no e gli speculatori dell'11 settembre me lo hanno dimostrato. In che modo? Tramite un meccanismo della Borsa denominato **vendita al ribasso**: te ne parlo in modo che entri nella mentalità del guadagnare anche mentre un titolo scende. In pratica accade che la banca ti presta una quantità di titoli che valgono un tot, ad esempio titoli di Google ognuno dei quali mettiamo che valga400 dollari. In realtà i titoli non sono tuoi, la banca te li ha prestati perché tu li gestisca temporaneamente. La procedura di richiesta, in questo caso, è molto semplice, non è certo come chiedere un mutuo, occasione in cui ti devi presentare dal direttore che controlla l'intera tua situazione finanziaria e poi, magari, non te lo concede ugualmente. In Borsa è tutto più facile: basta cliccare sul pulsante "short selling" (che significa vendita al ribasso) invece che sul "comprare".

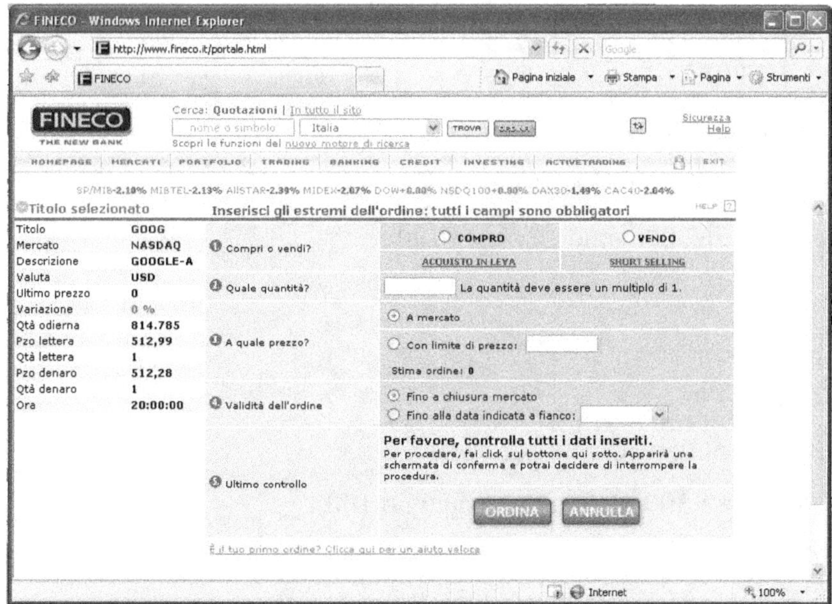

La semplicità rende tutto più pratico, anche se molto più

rischioso. Devi essere convinto che le azioni scendano e c'é comunque sempre una percentuale di possibilità che questo non accada.

Diciamo quindi che decidi di vendere al ribasso azioni del valore di 400 dollari l'una. Mettiamo che scendano effettivamente ed arrivino a 300. Benissimo, a quel punto tu le ricompri restituendole alla banca e la differenza è tua, hai guadagnato 100 dollari per ciascuna azione.

INVESTIRE AL RIALZO:

Compro a 400

Se sale a 500, vendo e guadagno 100

Se scende a 300, vendo e perdo 100

INVESTIRE AL RIBASSO:

Vendo a 400

Se sale a 500, compro e perdo 100

Se scende a 300, compro e guadagno 100

Come vedi i meccanismi sono simili, solo che invertiti. Consideriamo il **grafico del rischio** per gli **investimenti al rialzo:**

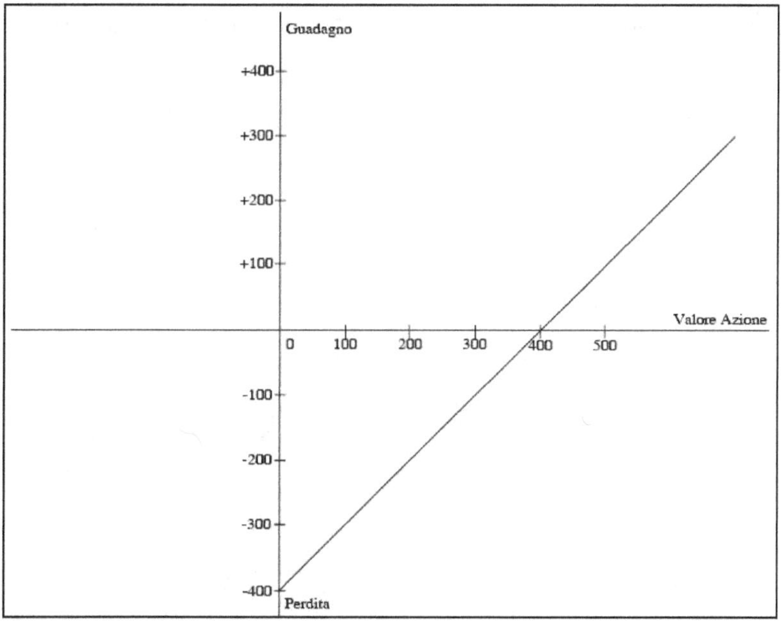

Tu compri a 400, quindi se l'azione rimane a 400, il tuo guadagno è zero (infatti la retta, se vale 400, sta sullo 0). Se l'azione sale a 500, il tuo guadagno è 100. Se l'azione scende a 300, tu perdi 100. Qual è la massima perdita? 400 (ovvero tutto quello che hai investito). Qual è il massimo guadagno? Infinito!

Ebbene sì, se l'azione dovesse crescere alla grande, il guadagno è teoricamente infinito, cioè non ha limiti imposti.

Consideriamo ora il grafico del rischio per gli **investimenti al ribasso:**

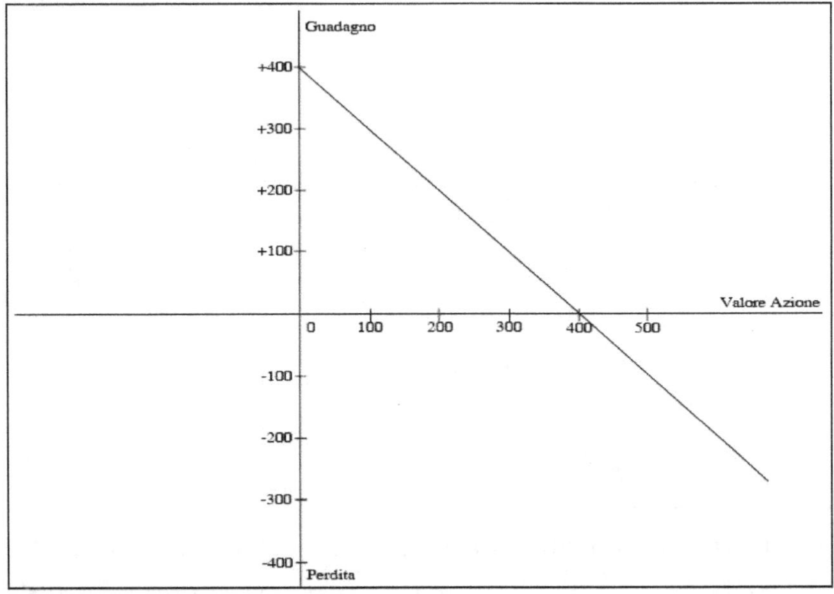

Tu vendi a 400, quindi se l'azione rimane a 400, il tuo guadagno è zero. Se l'azione sale a 500, tu perdi 100. Se l'azione scende a 300, il tuo guadagno è 100.

Qual è il massimo guadagno? 400

Qual è la massima perdita? Infinito!

Come vedi investire al ribasso può essere molto pericoloso, perché, al contrario dell'investimento al rialzo, è la perdita ad essere infinita e non il guadagno. Quindi, almeno a livello teorico, puoi arrivare a perdere più di quello che hai investito. Nella realtà, appena ti avvicini a perdere i soldi investiti, la banca taglia il tuo investimento e, automaticamente, chiude l'operazione proprio per evitare che tu vada oltre. Però sappi che il rischio c'è, quindi utilizza il ribasso solo quando sei più esperto e con la massima attenzione.

SEGRETO n. 25: mediante la vendita al ribasso (short selling) puoi guadagnare in Borsa anche quando un'azione scende.

In Italia molti investitori si sentono frenati ad usare la vendita al ribasso anche a causa di un aspetto psicologico. Alcune persone, infatti, hanno rimorso nel guadagnare su un titolo che cade: in America, invece, lo fanno tutti senza alcun problema. La verità è che in Italia sono pochi gli investitori che conoscono questa strategia al ribasso, io stesso non ne immaginavo l'esistenza, ma si può utilizzare. Quindi in occasione del crollo delle Torri

Gemelle, persone furbe, trader e speculatori hanno guadagnato milioni, perché, istantaneamente, hanno venduto azioni di compagnie aeree e le hanno ricomprate quando erano bassissime.

Quindi attenzione alle news e non solo. Tempo fa la società Autostrade si doveva fondere con un'altra azienda, per cui il suo titolo era salito. In realtà, attenzione a questo concetto, in questo caso non sono le news a determinare il prezzo, ma i **rumors**. Cosa sono i rumors? Sono le cosiddette voci di corridoio, quel "Si dice che Autostrade stia per fondersi con quest'altra azienda…".

Quando si sparge il rumor, i furbi, o quelli che pensano di essere tali, comprano. In inglese si dice: *"buy the rumors and sell the news"*, cioè "compra sui rumori e vendi sulle news", cioè se c'è l'ipotesi o la voce di corridoio che un titolo potrà salire, bene, è il momento buono di comprare. Quando poi arriverà la vera news, cioè che le due aziende si stanno davvero fondendo, ormai il prezzo già conterrà questa fusione, quindi sarà arrivato il momento di vendere, perché il prezzo più di così non potrà ragionevolmente salire. Compra quando c'è in giro la voce di corridoio che ti dice che sta per salire il titolo.

Al tempo stesso ti consiglio di fare attenzione alle "voci di corridoio", non devi dare completo credito anche alle mail spam di consigli finanziari che ti arrivano. A me ne arrivano molte, anche riguardo titoli americani, che annunciano: "Il titolo dell'azienda Acme salirà ben presto, affrettati a comprarlo", e non è vero. Magari dietro a questi messaggi c'é proprio il dirigente dell'azienda Acme perché spera che qualcuno acquisti le sue azioni. In realtà è molto difficile per noi, comuni mortali, arrivare a rumors reali. Se e quando ci arriviamo, siamo certamente già stati preceduti da almeno un milione di altre persone e, quindi, quello che doveva succedere è già successo. Ecco perché per acquistare o vendere titoli ci rifaremo all'analisi tecnica e ciclica, perché parte dall'assunto che il grafico contenga già tutto ciò che c'é da sapere.

C'è la storiella di un petroliere texano che va in paradiso e, trovando San Pietro ad accoglierlo, gli dice: "Guarda, purtroppo il settore dei petrolieri è già pieno, è la prima volta che succede qui in paradiso, non posso proprio accoglierti, devo mandarti via". Il texano replica: "Va bene, io me ne vado, però mi permetti di salutare almeno i miei amici, i miei colleghi petrolieri?". San Pietro glielo concede, lui entra e dice: "Ragazzi, sapete cosa si dice? Che all'inferno abbiano scoperto il petrolio. Correte!", e quelli, abituati ai rumors, si precipitano tutti all'inferno. A quel punto il settore petrolieri del paradiso si è completamente svuotato e San Pietro esclama: "Beh, a questo punto il settore è vuoto, se vuoi puoi venire qui in paradiso, dai, vieni!", e il texano risponde: "Beh, sai che ti dico? Se sono andati tutti via di corsa magari un fondo di verità c'é...vado anch'io a vedere se è rimasto un pozzo di petrolio disponibile!".

Per lo stesso principio c'era un generale nazista che affermava: "Se dite per sette volte la stessa bugia, alla fine diventa verità!". I rumors sono importanti, ma occorre stare attenti ed essere molto cauti, è semplice lasciarsi confondere perché alcuni possono essere veri e molti altri fasulli. Da più di una persona senti dire che una certa azione salirà e, pian piano, ti convinci che accadrà davvero, mentre invece, magari, è solo una notizia riportata da una fonte che potrebbe benissimo essere finta. La senti dire da una persona, poi da un'altra ed un'altra ancora, da tre fonti ti arriva la voce che quell'azione salirà, e cominci a pensare che è vero quando assolutamente non lo è. Comunque quando una notizia ti è riportata da più fonti, non te ne puoi più servire nemmeno se è vera, ormai è già troppo tardi, perché, come dice l'analisi tecnica, è già nel prezzo e non ce ne possiamo avvantaggiare in nessun modo.

SEGRETO n. 26: compra sui "rumors" e non sulle "news" che sono già vecchie, facendo però attenzione ai rumors privi di fondamento.

Una domanda ricorrente fra i miei allievi, riguardo ai grafici, è su che scala sono costruiti, a un giorno, un anno, dieci anni? Diciamo che i grafici si assomigliano un po' tutti, il grafico dell'intraday è simile a quello annuale, proprio perché gli andamenti sono ciclici. A noi, generalmente, interessano grafici che abbracciano un periodo di *3-6 mesi* che ci permettono di guadagnare bene, come in un ciclo lungo, senza stressarsi come nell'intraday. Se tutti gli andamenti, indipendentemente dal periodo si assomigliano, ciò che cambia è quanto tempo puoi dedicare al trading e quanto puoi investirci in denaro.

Il grafico che vedi nella seguente immagine, ha la durata di quasi un anno, di cui circa metà di trend al rialzo e metà al ribasso. Tu puoi comprare all'inizio della fase crescente, quando è vicina al minimo, e vendere qualche mese dopo, nel momento in cui il titolo arriva ad un picco massimo.

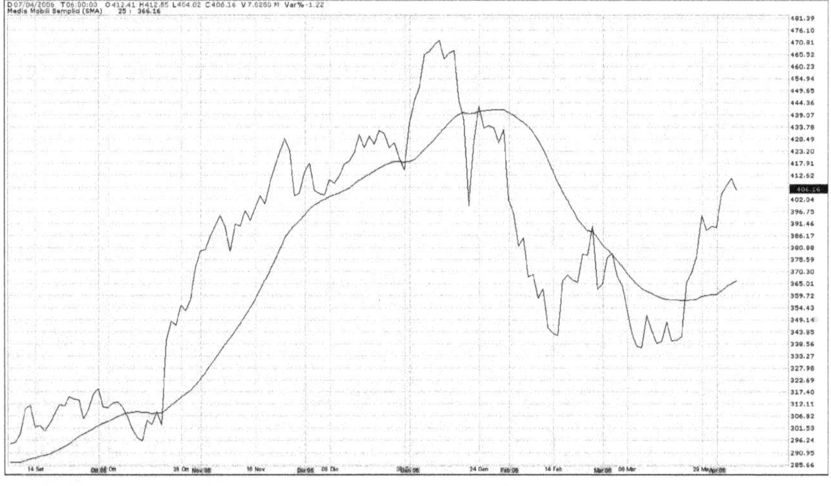

Hai fatto un'unica ottima operazione, hai realizzato il tuo guadagno e va bene. Oppure puoi, subito dopo il picco massimo, vendere al ribasso e ricomprare vicino al picco minimo. Cioè puoi sfruttare tutti i picchi, minimi e massimi. Quando un trend è in salita investi al rialzo, quando un trend è in discesa investi al ribasso.

Certo, se decidi di valutare anche i ribassi come possibilità di investimento, il percorso è più lungo e la tua attenzione dovrà essere molto più costante. Se, valutando solo i massimi, totalizzi il 30%, valutando anche i minimi, totalizzi un ulteriore 30% di guadagno. Se raddoppi il tempo di gioco è normale che puoi raddoppiare anche i guadagni. Proprio per questo chi investe in intraday (cioè compra e vende in giornata) può moltiplicare il suo guadagno, perché potrebbe sfruttare ogni singolo movimento dell'azione, ogni giorno. Però dipende dal tempo che hai e da quanto stress sei disposto a sostenere.

Io investo sempre su un periodo di tre mesi, anche se poi potrai applicare gli stessi principi sia nell'intraday che nell'annuale. Magari non prendo sempre i minimi e i massimi, anche perché è irrealistico, ma, alla fine, riesco a massimizzare il guadagno, arrivando a totalizzare, ad esempio, 30 più 30 che fa 60%, invece che accontentarmi del 30% del solo trend positivo. Più cicli sfrutti e più puoi vincere, sempre che usi correttamente il metodo.

Più dedichi tempo al trading e più occasioni avrai, più però diventa stressante, quindi bisogna trovare un compromesso ed è quello che ho fatto io dedicando a questa attività 5 minuti al giorno e monitorando cicli di 3 mesi.

Ricorda che il trading è un qualcosa che puoi affiancare alla tua consueta occupazione, non necessariamente sostituire. Un qualcosa cui dedicare non più di 5-10 minuti al giorno. Poi, se diventi particolarmente bravo e guadagni molto, puoi monitorare cicli più stretti e dedicarvi più tempo. Questa è la teoria del trend, la teoria dell'analisi tecnica. Forse ora il discorso ti sembrerà un po' macchinoso, ma, passando dalla teoria alla pratica, tutto apparirà molto più semplice.

C'è un altro indicatore tecnico di grande importanza che riguarda i grafici, denominato **media mobile**, che trovi su molti broker online come Fineco o Yahoo Finanza, in grado di fornire una media del movimento del prezzo in un dato arco di tempo.

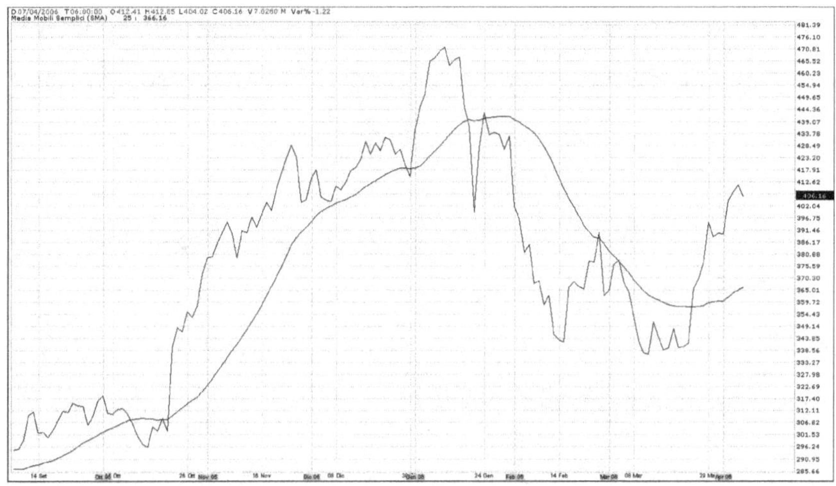

Osserva questo grafico: la linea nera è l'andamento del titolo, mentre quella blu è la media mobile. La media mobile si muove fluttuando e seguendo l'andamento dei minimi e massimi nel corso dei mesi. Siccome il titolo fluttua eccessivamente e non è facile comprenderne con chiarezza l'andamento, uso lo strumento della media mobile per rendere più chiaro il movimento. La media non è altro che un'approssimazione del titolo.

Come determini la media? Prima abbiamo calcolato la media tra gli utili in un periodo di tre anni, il primo anno ammontavano a 100.000 euro, il secondo a 200.000 ed il terzo a 300.000, la media è presto fatta, sommi i tre termini, li dividi per tre ed ecco che come risultato hai 200.000 di media. Con i voti a scuola si faceva lo stesso discorso, se in una data materia in uno stesso trimestre avevi preso 6, poi 7 ed infine 8, la media era 7.

E' facile, ma in questo caso lo è ancora di più perché te la calcola il broker online, tu non devi pensarci. Quindi se nei vari punti del grafico il titolo può valere in un primo momento 400, poi 410, ed infine 420, la media è 410, giusto?

Immagina di voler calcolare la media su 25 valori. Fai la somma dei 25 valori e poi la dividi per 25. E se vuoi la media su 50 valori? Sommi i 50 valori e poi dividi per 50. La media mobile è la stessa cosa: la media mobile calcolata sugli ultimi 25 giorni si chiama **"media mobile a 25 giorni"** ed è calcolata sommando gli ultimi 25 valori del titolo e dividendo per 25. E così via. Nel grafico delle pagine precedenti, o, meglio, di p. 143 ho deciso di prendere in considerazione i valori che riguardano i primi 25 giorni per calcolarne la media mobile; te la fornisce il sito in automatico. E' la media degli ultimi valori a cui è stata scambiata l'azione, quindi la media degli ultimi acquisti e delle ultime vendite.

Perché è importante questo? Perché la media ti dà, in modo approssimativo, un'idea dell'andamento, del trend, del ciclo che deriva dal comportamento dell'azione. Se fai caso al grafico, ti rendi conto che, più o meno, è un ciclo perfetto. Sale e scende senza particolari scossoni. L'azione, in realtà, non si comporta così, non segue un ciclo esattamente perfetto, sarebbe troppo facile se fosse così, troppo prevedibile la sua sorte. Tuttavia la media, proprio perché approssima, va a smussare le asperità dei vari sobbalzi intermedi dell'azione.

La media mobile è preziosa in quanto ti fornisce indizi per capire quando entrare nell'operazione, cioè quando comprare e quando vendere.

Quando l'azione incrocia la media mobile dal basso verso l'alto è un **segnale di acquisto** (freccia rossa verso l'alto), è come se ti dicesse: "Compra perché inizia un trend a salire". Quindi l'intelligenza sta nel comprare quando il titolo perfora la media mobile al rialzo, quando il trend è in crescita.

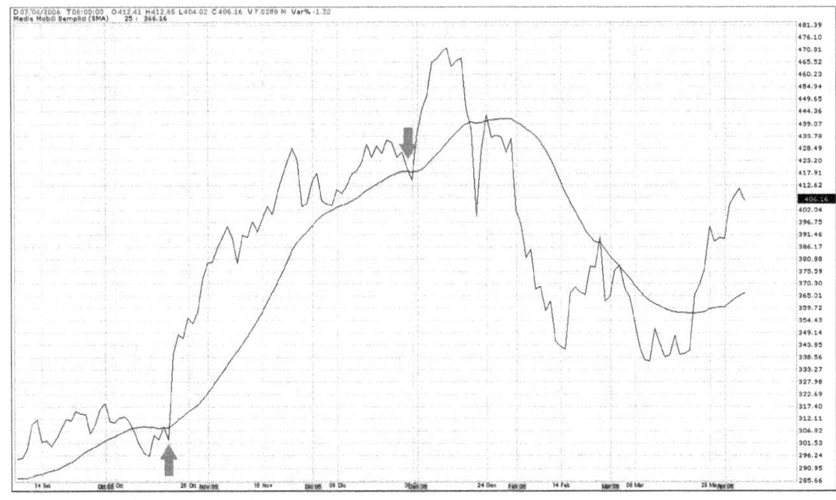

E' un **segnale di vendita** (freccia rossa verso il basso) quando l'azione perfora al ribasso la media mobile, quando il trend è a scendere e l'azione sta per tornare al ribasso. Guarda quanta fatica fa a salire e poi, magari, in un giorno, bum. Crolla. E' classicissimo, l'incrocio fra l'azione e la media mobile ti dice di comprare quando perfora dal basso verso l'alto e di vendere nel caso contrario. Come vedi, usando la media mobile, non vendi nel picco massimo, bensì un po' prima. Questo potrebbe farti venire un colpo, perché tu hai venduto e poi vedi l'azione risalire. Ma fidati di me se ti dico che è meglio rinunciare a prendere per forza i minimi e i massimi in cambio di un guadagno meno profittevole ma più costante e duraturo.

SEGRETO n. 27: la media mobile ti suggerisce di comprare quando il titolo la perfora dal basso verso l'alto, e di vendere quando il titolo la perfora dall'alto verso il basso.

Secondo la teoria della media mobile, avresti potuto ricomprare pochi giorni dopo, quando l'azione perforava di nuovo la media mobile dal basso verso l'alto e rivendere qualche giorno più tardi. Avresti potuto e avresti guadagnato qualche euro in più. Molte persone fanno così. Entrano ed escono su tutti i segnali. Molti conoscono la teoria della media mobile e la seguono passo passo. Quando si incrocia con l'azione, si vende o si compra. Purtroppo nella mia esperienza ti dico che non basta, perché investire con la sola media mobile, significa non avere abbastanza probabilità a proprio favore, sia per la teoria dei cicli, che vedremo più avanti, sia per il problema dei *falsi segnali*.

Intanto analizziamo questo investimento. Dove metti lo stop cautelativo? E' opportuno fissarlo qualche punto percentuale al di sotto della media mobile. Quindi, se il titolo ha bucato la media mobile al rialzo mentre era a 100, tu poni il tuo stop appena sotto il filo immaginario della media mobile, ad esempio a 95; in questo modo, nel momento in cui il titolo dovesse ribucare al ribasso è chiaramente il momento di vendere il titolo, cosa che avviene automaticamente grazie al tuo stop preimpostato. Se, invece, il titolo dovesse salire, anche la media mobile salirebbe, essendo un'approssimazione del titolo stesso. Poiché tu devi tenere il tuo stop poco sotto la media mobile, allora fallo salire di conseguenza.

Una volta ho investito sulle azioni di Ebay perché era arrivata ad incrociare al rialzo la media mobile: come sai è un segnale di acquisto, quindi ho comprato. Ho messo uno stop subito sotto la media mobile, pochi punti sotto il prezzo di acquisto. Mai esattamente sulla media mobile, perché c'è sempre la possibilità che il titolo la possa perforare al ribasso, magari a causa di un piccolo sbalzo quotidiano, e farti scattare inutilmente lo stop.

La media mobile ti indirizza spesso in maniera corretta ma non sempre, vedremo con quali limitazioni. Tuttavia, avendo il mio titolo bucato la media mobile, le probabilità erano a mio favore ed il titolo saliva. Certezze non potevo averne, ma probabilità a favore sicuramente sì. Se poi avessi sbagliato la mia previsione, semplicemente lo stop prefissato avrebbe tagliato subito le perdite e io sarei andato serenamente avanti su un nuovo obiettivo.

Come ti dicevo, ho messo lo stop appena sotto la media mobile, se è a 100, lo metterò a 95; si decide anche in base al modo in cui sta salendo il titolo. Se poi il giorno dopo incrocia nuovamente la media mobile al ribasso, quindi riscende subito, pazienza, succede. In due giorni l'azione di Ebay è salita di parecchi punti percentuali, in quel caso bisognava essere veloci nell'aggiornare lo stop, che andava fissato poco sotto. Infatti quando, subito dopo, Ebay è crollata, nessun problema, io avevo fissato il mio stop e non ho perso il guadagno realizzato.

Fondamentalmente puoi fare due cose: o tenere lo stop sempre all'altezza della media mobile, cioè sul filo della media mobile, così, se hai paura di perdere i tuoi amati e sudati risparmi, non appena il titolo la incrocia di nuovo al ribasso, automaticamente vendi; oppure tenere lo stop sempre un pochino sotto la media mobile. Io ti consiglio di privilegiare sempre questa seconda opzione. Infatti c'è il rischio che, magari, il titolo riscenda anche di pochissimo per uno sbalzo quotidiano e faccia scattare lo stop, facendoti uscire da una posizione che avrebbe potuto garantirti ulteriori e cospicui guadagni. Involontariamente hai tagliato i profitti, cosa che non andrebbe mai fatta. Quindi ti consiglio di fissare lo stop sempre leggermente al di sotto della media mobile.

Il metodo della media mobile è uno dei più conosciuti in analisi tecnica, ed anche il più semplice ed efficace, perché porta le probabilità a tuo favore, tuttavia ha un difetto, non ti permette di guadagnare il massimo possibile, perché non riesci ad arrivare a vendere sul picco massimo, risultato assai auspicabile nonché sogno di tutti i trader.

Non viene molto utilizzato dai "presunti professionisti" proprio perché non aiuta a cogliere i massimi o i minimi. Certo, sarebbe bello riuscire a farlo e guadagnare sempre il massimo, ma quante speranze ci sono di farlo? Poche. Bisognerebbe essere un preveggente ed, inoltre, è una pratica che stressa moltissimo. Al contrario il discorso della media mobile, una volta impostato il nostro stop, va in automatico. Buca al rialzo? Compro. Buca nuovamente al ribasso? Vendo. Molto comodo.

Ora, questa rappresentata dal grafico che abbiamo preso in considerazione, è una media mobile a 25 giorni, tuttavia possiamo esaminare periodi diversi, anche più brevi.

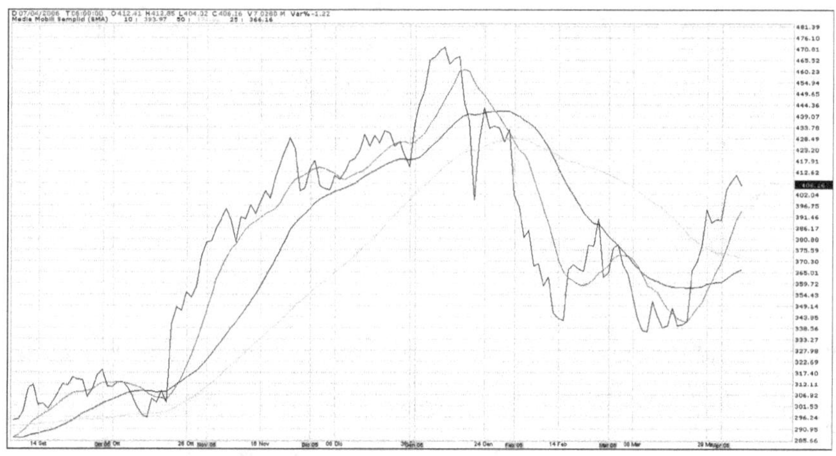

In quest'altro grafico vediamo una *media mobile a 10 giorni* (in rosso), che, quindi, prende in esame i valori degli ultimi 10 giorni. Cosa possiamo notare? Che questa media segue più da vicino l'andamento il titolo, è più fedele, proprio perché fa una media solo sugli ultimi 10 valori. Portando il concetto all'estremo, la media mobile a 1 giorno corrisponde al titolo stesso, perché prende in considerazione il movimento di quel valore in un solo giorno. Più è breve l'intervallo e più la linea della media mobile è fedele ai movimenti del titolo.

E' chiaro che, in queste condizioni, riesci a cogliere con maggiore facilità e celerità picchi minimi ai quali comprare e massimi ai quali vendere o comprare al ribasso. Tuttavia c'é una controindicazione, infatti essendo la media mobile molto aderente all'andamento reale del titolo, può capitarti di ricevere molti **falsi segnali**. Ovvero il titolo e la media si incrociano troppe volte facendoti credere che sia il momento giusto per comprare o vendere. Quando, invece, non è vero.

Vedi il punto nel quale il titolo scende ed incrocia la media mobile al ribasso? Ebbene, tu saresti portato a vendere, poi ecco, subito dopo la perfora di nuovo a salire, ed ecco che ricompreresti, ma un istante dopo perfora ancora al ribasso ed ecco che, automaticamente, ripartirebbe il tuo stop, è una guerra di nervi! Diventi matto e spendi una fortuna in commissioni.

Quindi, seppure ci sono buone probabilità che ti aiuti ad arrivare a comprare e vendere nei momenti più giusti traendo il massimo, è anche vero che lo paghi in stress e commissioni, quindi non ne trai un gran beneficio. Al contrario rispetto al precedente esempio, una *media mobile a 50 giorni* (in verde) disegnerà una curva molto più piatta, più morbida, perché subirà assai di meno l'influenza delle salite e delle discese del nostro titolo.

In questo caso, sarà molto più facile individuare i punti giusti per comprare e vendere, ma alla fine avrai guadagnato pochissimo, perché i segnali saranno molto in ritardo rispetto all'andamento del titolo. Quello dei 25 giorni è, invece, certamente il ciclo più affidabile per chi, come me, utilizza il metodo della media mobile. Non è troppo vicina al titolo né troppo lontana. Non riesco a cogliere i minimi e i massimi, ma neanche mi stresso e riesco a garantirmi comunque ottimi guadagni.

SEGRETO n. 28: la media mobile a 25 giorni è la più affidabile; quella a 10 è più precisa ma meno affidabile; quella a 50 è troppo in ritardo per fornirti segnali profittevoli.

Prendiamo ancora ad esempio il grafico di prima che indica l'andamento delle azioni di Google negli ultimi mesi. Ho apportato una modifica alla freccia rossa di uscita tenendo conto di quanto ti ho appena detto circa i falsi segnali della media mobile.

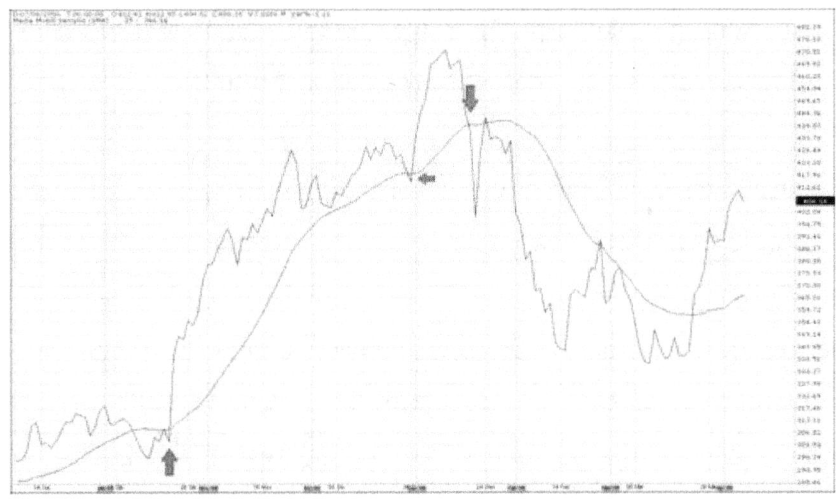

Questo è il titolo, come vedi il suo andamento è piuttosto frastagliato. La curva più levigata, in blu, rappresenta la media mobile a 25 giorni. Poniamo che tu compri nel mese di ottobre, sulla prima freccia rossa. Da quel momento in poi il titolo non incontra più la media mobile fino al momento che vedi rappresentato nel grafico dalla piccola freccia orizzontale. Questo, però, rappresenta un falso segnale, infatti, come vedi, il titolo perfora a mala pena la media mobile e torna subito al rialzo.

Si tratta del classico esempio per cui se hai messo lo stop esattamente sulla media mobile, questa perforazione quotidiana lo fa scattare e tu vendi in automatico. In tal caso hai tagliato una parte dei profitti. Se, invece, avessi tenuto lo stop leggermente sotto alla media mobile, questa oscillazione non lo avrebbe fatto scattare e tu saresti rimasto in gioco. Quindi questa strategia, già da sola, ti mette al riparo dalla maggior parte dei falsi segnali.

Solo alla seconda perforazione, quella con la freccia rossa verso il basso, il tuo stop sarebbe scattato e tu avresti venduto, portando a casa molto più denaro.

SEGRETO n. 29: tieni lo stop più in basso della media mobile, così da non cadere in falsi segnali e massimizzare i profitti.

Certo, come dicevo prima, avresti guadagnato molto anche uscendo sulla prima freccia, proprio perché la media mobile a 25 giorni dà pochi falsi segnali ed è abbastanza affidabile. Dal grafico risulta che hai comprato quando il titolo valeva 306 dollari, e poniamo che tu abbia venduto sulla prima freccia, esattamente a 417 dollari. Facciamo un rapido calcolo, considera il valore finale, ovvero 417, sottrai il valore iniziale, ovvero 306, che è quello a cui hai comprato, il risultato è 111. Su ogni azione hai guadagnato 111 dollari. Ora, 111 su 306 è un guadagno pari al 36%. In quanti mesi lo hai realizzato? I titoli sono stati comprati ad ottobre e venduti a gennaio, in due mesi e mezzo. Se pensi a quanto ti danno in banca di rendita annua è un grandissimo risultato!

Non hai faticato, non ti sei stressato, hai comprato seguendo la media mobile e venduto automaticamente al tuo stop. L'unica accortezza che devi avere, consiste nel calcolare intelligentemente lo stop. Io lo tengo leggermente sotto la media mobile. Il titolo interseca la media mobile nel momento in cui il suo valore è approssimativamente di 417-418 dollari. Bene, io cautelativamente tengo il mio stop a 413, un po' più in basso rispetto alla linea della media mobile. Lo faccio per un motivo molto importante da capire, che vado subito a spiegarti.

Come sai, anche se il grafico che stiamo studiando prende in considerazione un periodo pari ad un anno, ogni giorno si realizzano dei mini cicli. Se decidi di mettere il tuo stop esattamente sulla media mobile, è possibile che le variazioni giornaliere in discesa del titolo lo portino a bucare la media mobile al ribasso per poi, subito dopo, bucarla di nuovo al rialzo. Questo basterebbe a bruciare il tuo stop e, quindi, a farti uscire dall'investimento prima del dovuto. Per evitare che un'oscillazione durante la giornata ti faccia scattare lo stop, tienilo sempre un po' più in basso della linea della media mobile. In questo caso ti saresti anche protetto dall'uscire in questo punto, e il tuo investimento avrebbe retto fino alla freccia rossa successiva, quando il titolo aveva un valore di 439 euro.

A maggior ragione, ti raccomando di farlo quando decidi di acquistare. Perché se, poniamo, tu acquisti a 400 dollari e durante il giorno, come invariabilmente accade, il titolo oscilla un pochino e torna a 398, va un pelo sotto la media e ti brucia lo stop. Quindi tieni lo stop leggermente più basso rispetto alla linea della media. Va bene anche qualche dollaro in meno, poi, ovviamente, tutto è relativo a quanto si è pagato il titolo. Su un titolo pagato 400 dollari, puoi anche permetterti di tenere lo stop 5/10 dollari sotto la linea della media e non succede nulla. Infatti in percentuale è pochissimo (1-2%) ma almeno eviti che l'oscillazione quotidiana ti faccia scattare lo stop e concludere con una perdita. A questa perdita andrebbero poi aggiunte le commissioni a comprare e a vendere per una perdita complessiva pari a diverse decine di dollari. Quindi tieniti un po' più basso e poi, ovviamente, ricorda di aggiornare lo stop man mano che il valore del titolo si distanzia, innalzandosi sulla media. Quindi, se il titolo sale a 410, tu puoi mettere lo stop a 405 e così via, qualche punto sotto.

La tecnica della media mobile viene spiegata nei testi di moltissimi autori, nessuno di essi, però, ti spiega questo passaggio, che è importantissimo e andrebbe sottolineato perché ti permette di seguire la regola d'oro, quindi lasciar correre i profitti e tagliare le perdite. Questa è la cosa più importante che devi avere in mente per vincere in Borsa.

Infatti, nell'apprendere il metodo della media mobile, molti investitori inesperti si esaltano, salvo poi scontrarsi, nel momento in cui lo mettono in pratica, con il problema delle oscillazioni quotidiane che danno falsi segnali e li portano a chiudere ogni operazione in perdita. Se, invece, tieni lo stop più in basso della media, ti metti al riparo dalla maggior parte dei falsi segnali; se poi usi anche l'*analisi ciclica*, fai sì che le probabilità siano nettamente a tuo favore.

A quale distanza percentuale rispetto al valore dei titoli è consigliabile fissare il mio stop loss? C'è o meno una media? Tendenzialmente è corretto un 5% in meno? Come dicevo prima, un po' dipende anche da quanto hai pagato inizialmente il titolo, poi, comunque, ogni titolo ha una sua storia, un suo andamento più o meno variabile. Ad esempio i titoli americani, che hanno moltissimi investitori, possono avere delle oscillazioni molto forti, in media del 2-3% al giorno, fino ad arrivare all'8-10% e così via. Quindi è importante, per decidere dove posizionare il tuo stop, che studi la storia del titolo e capisca come, in via di tendenza, si comporta.

Se studi il grafico di Ebay, ad esempio, ti rendi conto che si tratta di un titolo con il quale in un giorno si può tranquillamente realizzare il 5% in più di guadagni; lo sai dalla sua storia, lo vedi nel suo grafico.

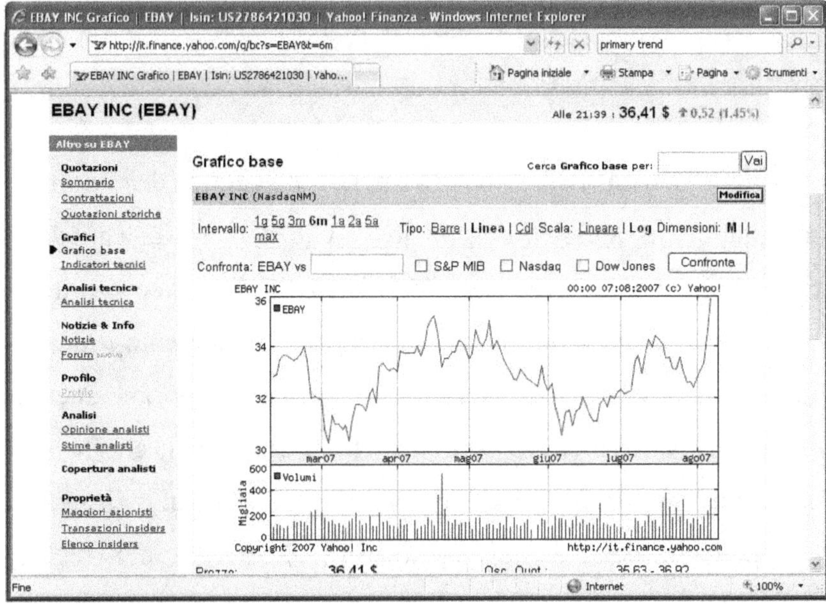

In questo caso, ti consiglierei di fissare lo stop loss un po' più in basso rispetto alla media mobile, altrimenti rischi di veder scattare subito lo stop a causa delle fluttuazioni giornaliere.

I titoli italiani, al contrario, oscillano molto meno, perché, ci sono meno trader, il mercato italiano, infatti, è più piccolo rispetto a Wall Street. L'oscillazione nell'intraday è spesso inferiore all'1%, a parte giornate particolari in cui si aggira attorno al 2-3%, ma, come dicevo, si tratta di eccezioni.

Se il titolo in media oscilla poco, puoi fissare lo stop loss in un punto piuttosto vicino al prezzo al quale l'hai comprato. Se invece oscilla molto, lo tieni più basso per evitare che ti scatti lo stop a causa delle fluttuazioni giornaliere. Sui titoli che hanno una maggiore oscillazione, puoi guadagnare molto di più ma altrettanto rischi di perdere poiché è tutto proporzionale. L'importante è che tu segua la regola d'oro: taglia le perdite e lascia correre i profitti.

I più esperti evitano di utilizzare degli stop, piuttosto preferiscono impostarsi degli alert, ovvero degli avvisi. Il broker online lo informa, via sms che il titolo acquistato, ad esempio, al prezzo di 100 euro, è sceso ad un valore pari a 95, prezzo sul quale il nostro ipotetico esperto aveva impostato l'alert. A quel punto, ci si può collegare ad un computer per monitorare l'andamento del titolo.

Un abile trader aspetterà che il prezzo del suo titolo sia sceso al di sotto dei 95 euro *per almeno mezza giornata* prima di decidere se vendere. Se per 3-4 ore il prezzo del titolo si attesta sotto ai 95, allora conferma l'ordine di vendita. Questo metodo è chiamato **stop temporale**, cioè tiene anche in considerazione la variabile tempo: solo se il prezzo scende sotto una certa cifra e lo fa per almeno 3-4 ore, lo stop è valido ed è il caso di vendere. Se invece è un falso allarme e l'oscillazione è solo una questione di poche decine di minuti, allora non si vende. Questo si fa proprio per evitare i danni provocati dalle oscillazioni giornaliere, infatti se il titolo scende per un attimo a 94 e poi torna ad innalzarsi, è un peccato aver bruciato lo stop perdendo un titolo che comunque è risalito.

SEGRETO n. 30: quando sei esperto, puoi usare gli stop temporali, validi solo se il titolo scende sotto la cifra prefissata per almeno 3-4 ore.

Questa è una cosa intelligente da fare, ma, come ti ho detto, presenta un forte rischio, e cioè che la tua mente non ti permetta poi di vendere. C'é poi un altro pericolo, che in quelle 3-4 ore magari il titolo scenda fino a 92 e che quindi la tua attesa ti abbia danneggiato e ti abbia fatto perdere più di quello che ti eri prefissato. Dipende da te. Quando muovi i primi passi con il trading ti conviene impostare uno stop, perché non rispetteresti un semplice avvertimento. Se con il tempo diverrai diligente, ordinato, bravo e preciso, potrai permetterti di tenere questo stop temporale, che gestirai tu monitorando con attenzione il titolo per qualche ora. La questione dello stop loss è molto importante perché è essenziale proteggersi dalle perdite.

La media mobile ci aiuta a proteggerci. Certo avrebbe salvato gli azionisti dal crollo di Wall Street degli anni '20 e degli anni '80, perché avrebbe permesso a tutti i trader, anche i più inesperti, di vendere prima del disastro. E' un indicatore molto preciso, piuttosto affidabile se associato ad altre strategie, anche se non ti consente di raggiungere i massimi ed i minimi, e va usato comunque con giudizio. Personalmente uso la media mobile a 25 giorni che è una buona via di mezzo tra quella molto precisa ma troppo stressante da 10 giorni e quella da 50 giorni, più affidabile ma troppo in ritardo.

Quella *a 10 giorni* è la più movimentata e frastagliata, perché, come sai, è molto aderente all'andamento del titolo e ne registra quasi le oscillazioni giornaliere. Seguire più da vicino il titolo e quindi le sue oscillazioni, ti avrebbe spinto ad uscire prima e per questo avresti guadagnato molto di più. Però ti avrebbe fornito anche una serie di falsi segnali in vari punti del grafico. Forse saresti riuscito a guadagnare un po' di più ma ti saresti stressato da morire.

La *media mobile a 25 giorni*, invece, è molto più morbida rispetto alla media mobile a 10 giorni, infatti non registra tutte le oscillazioni giornaliere. Con la media a 25 giorni il monitoraggio del titolo è meno penetrante rispetto al caso della media a 10. Forse arriverai a guadagnare di meno, ma avrai anche molti meno falsi segnali sia in positivo che in negativo.

Infine la *media a 50 giorni* è la più piatta delle tre, subisce meno di tutte l'influenza dei cicli intermedi. Tanto più è lungo l'intervallo, tanto più è affidabile la media, perché è meno soggetta agli sbalzi del titolo. Tuttavia, con la media a 50 giorni, rischi di perdere troppi soldi sia nel massimo che nel minimo perché non ti dà chiari indizi di acquisto o vendita. La soluzione migliore, lavorando su cicli intermedi, è certamente quella di adottare la media mobile a 25 giorni.

RIEPILOGO DEL GIORNO 5:

- SEGRETO n. 23: secondo l'analisi tecnica il prezzo di un'azione in questo istante è la somma totale di tutto ciò che riguarda l'azienda sino ad ora.

- SEGRETO n. 24: il trend ti indica la direzione di un'azione nell'ultimo periodo e quindi ti permette di ipotizzare dove andrà, aumentando le probabilità a tuo favore.

- SEGRETO n. 25: mediante la vendita al ribasso (short selling) tu puoi guadagnare in Borsa anche quando un'azione scende.

- SEGRETO n. 26: compra sui "rumors" e non sulle "news" che sono già vecchie, facendo però attenzione ai rumors privi di fondamento.

- SEGRETO n. 27: la media mobile ti suggerisce di comprare quando il titolo la perfora dal basso verso l'alto, e di vendere quando il titolo la perfora dall'alto verso il basso.

- SEGRETO n. 28: la media mobile a 25 giorni è la più affidabile; quella a 10 è più precisa ma meno affidabile; quella a 50 è troppo in ritardo per fornirti segnali profittevoli.

- SEGRETO n. 29: tieni lo stop più in basso della media mobile, così da non cadere in falsi segnali e massimizzare i profitti.

- SEGRETO n. 30: quando sei esperto, puoi usare gli stop temporali validi solo se il titolo scende sotto la cifra prefissata per almeno 3-4 ore.

Giorno 6: Analisi Ciclica e Cicli di Borsa

Finora ti ho nominato spesso i cicli di Borsa ma non ti ho ancora detto cosa sono, a cosa servono e perché sono indispensabili per chiunque investa seriamente in Borsa.

Tu sai che la nostra vita è scandita da cicli, pensa all'anno solare, un periodo di 12 mesi, all'interno del quale vi sono 4 stagioni che si ripetono ciclicamente. Ciascun ciclo maggiore ne contiene altri minori e ciascun minore ne contiene altri ancora inferiori. Il mese contiene circa 4 settimane, pressappoco 30 giorni, ogni giorno, composto da notte e dì, contiene 24 ore. E poi ore, minuti, secondi.

Allo stesso modo l'andamento di un titolo in Borsa segue dei cicli: è matematicamente e statisticamente provato. Vi sono cicli che durano molto, 1 anno, 2 anni, 4 anni, 16 anni, 32 anni. Ciascun ciclo, più o meno ampio che sia, ne contiene altri inferiori. Quello ad 1 anno contiene cicli semestrali, trimestrali, mensili, quotidiani e così via. Puoi distinguere dei cicli addirittura

Osserva ora il ciclo schematizzato in questa pagina, nel quale ho contrassegnato i minimi ed i massimi con delle lettere. Immagina di trovarti ad un picco minimo in un punto che chiameremo **A**. Che succede? Che c'é molta liquidità in giro, molti soldi, perché nel picco massimo precedente al punto A, hanno venduto tutti coloro che avevano denaro investito in titoli, così recuperando i propri soldi. Ci sono tante persone, tanti possibili compratori con i soldi in mano i quali stanno aspettando che, magari, il titolo scenda ad un prezzo buono o accettabile, ad una sottovalutazione, ad un P/E uguale o minore di 10. Quando il titolo è effettivamente sceso sino al punto A, chi è interessato inizia a comprare.

Un minimo è il momento migliore per farlo, infatti a partire da un minimo, il titolo certamente salirà. Larry Williams, celebre trader americano, autore di diversi libri molto interessanti anche di analisi ciclica, dice che è come se tutti avessero benzina in mano. Appena è il momento giusto la accendono e il titolo ha uno slancio incredibile verso l'alto.

Nel momento stesso in cui tante persone iniziano a comprarlo, il titolo risale di valore. E' il meccanismo della domanda e dell'offerta che è alla base della Borsa: ci sono tanti compratori, pochi venditori, ed il titolo sale. E' la legge base del mercato delle azioni, comprano in molti e, quindi, il titolo comincia a recuperare. Nel frattempo chi aveva venduto al ribasso, ovvero coloro che hanno guadagnato mentre il titolo era in discesa (definiti *shorters* poiché fanno short selling), una volta arrivati qui ricomprano quello che avevano venduto in modo da coprire le loro posizioni e chiudere l'operazione. C'è uniformità tra le varie posizioni in questo momento, tutti comprano ed inizia un veloce recupero.

Poi cosa succede? Siamo in **B** e i giornali ne parlano, quel titolo salito così tanto finisce nelle news, addirittura in prima pagina nei giornali economici ed arriva alla massa, che in Borsa viene definita "parco buoi", ovvero l'insieme di coloro che seguono il branco. Tutti dicono: "Vedi? Questo titolo sta salendo. Compriamolo perché sicuramente salirà ancora!", quindi continua a salire perché i nuovi compratori, attirati dal recupero, fanno alzare ancor più il prezzo. Intanto la gente seguita ad acquistare pensando: "E' salito ancora, vedi? Te lo dicevo che sarebbe salito, vieni, compra anche tu". Investe anche il nonno che non sa neanche cosa sia la Borsa e non ha mai usato un computer, e il titolo continua a lanciarsi verso il suo massimo.

Ad un certo punto il titolo è arrivato al picco massimo in **C** ma i soldi sono finiti. La benzina è esaurita e i motori si fermano. Tutti hanno comprato e non ci sono più soldi in giro, nessuno può comprare ancora se non i più ritardatari. Al contrario i più furbi, quelli che fanno analisi ciclica, ora iniziano a giocare al ribasso, vendendo. Il titolo inizia a scendere sempre più velocemente e le persone cominciano a spaventarsi. Tutti quelli che avevano comprato da un certo punto della salita del titolo in poi, cioè la massa, sono in perdita perché il titolo è già sceso un bel po' ed hanno paura di veder svanire i propri sudati risparmi messi al rischio con il trading. Che cosa fanno? Siamo in **D** e, con le azioni in forte perdita, iniziano a vendere. Il parco buoi li segue e, pian piano, vendono tutti.

Anche chi è arrivato tardi capisce che è il momento di vendere ad ogni costo per limitare al massimo le perdite. Alla fine tutti, anche i più ritardatari, si convincono che è meglio vendere, tanto che si tocca un nuovo minimo in **E**.

A questo punto i più furbi si affrettano a comprare di nuovo, molti altri li seguono, tutti comprano e così ricomincia il ciclo. Quindi chi guadagna? Il furbacchione che compra velocemente in A e vende altrettanto velocemente in C, e che gioca al ribasso tra C ed E. L'importante è non seguire la massa e non seguire le news perché, come ti ho detto, sono già comprese nel prezzo finito e grazie a quella news il titolo è già salito quanto poteva.

Quando arriva alla nostra attenzione, e ne parlano i giornali, la notizia è talmente vecchia che non ci interessa più. Ormai è troppo tardi, siamo giunti al picco massimo e, se comprassimo ora faremmo una follia. Il titolo, infatti, sale già da un bel po' di tempo e può crollare da un momento all'altro. Quindi fai attenzione perché questi cicli ci sono e si ripetono in continuazione, nell'arco di un mese come di un solo giorno, in Borsa e, più in generale, in tutta l'economia mondiale.

SEGRETO n. 31: i cicli economici si ripetono nello stesso modo su ogni titolo in ciascun periodo.

Sono molti i trader di successo che hanno studiato i cicli di Borsa e l'analisi ciclica. Alcune teorie come le Onde di Elliot, la serie di Fibonacci, i Cicli di William Gann e la Serie di Taylor sono state riprese e applicate fedelmente ai titoli di Borsa allo scopo di prevederne i movimenti. Dello studio dei cicli di Borsa sono autorevoli esponenti anche l'americano Larry Williams e l'italiano Giuseppe Migliorino, mio collega ingegnere, che ha sviluppato efficienti teorie sull'andamento dei titoli. Tutto questo per dirti che l'analisi ciclica non è una teoria campata in aria, ma uno straordinario modo per modellare e spiegare l'andamento di un titolo.

A questo punto potresti chiederti come visualizzare i cicli economici su un titolo. E' molto semplice, utilizzando, ancora una volta, le medie mobili. Infatti la media mobile a 25 giorni ti indica chiaramente i cicli di 3 mesi, quella a 50 giorni ti indica il ciclo a 6 mesi e così via.

SEGRETO n. 32: la media mobile a 25 giorni ti permette di evidenziare i cicli della durata di 3 mesi.

Ora vorrei mostrarti un grafico che ti permette di visualizzare bene questi cicli. Si tratta dell'andamento del titolo **Geox**. Le scarpe Geox funzionano, sono un buon prodotto, sono note come "le scarpe che respirano". Quindi ci possiamo permettere di credere in quest'azienda italiana che sta ottenendo ottimi risultati.

Guardiamo il grafico, l'andamento del titolo è in nero e come vedi è molto movimentato. Trovi segnalata in blu la media mobile a 25 giorni, che ha il movimento ciclico di cui abbiamo parlato. La media mobile a 50 giorni è invece disegnata in verde e sembra una linea retta crescente.

Come vedi, quella a 50 giorni è molto più morbida, non ti segnala con chiarezza picchi positivi o negativi, quindi non ti dà molte informazioni valide per entrare ed uscire. Quella a 25 giorni, invece, pur non essendo molto aderente all'andamento del titolo, è comunque in grado di farti visualizzare momenti ideali per comprare e vendere, quindi è la scelta migliore per studiare un titolo.

In questo grafico i cicli della media a 25 giorni sono regolarissimi, disegnano delle piccole *colline* che si ripetono regolarmente e hanno tutti una durata approssimativa di 2 mesi e mezzo. Non sempre abbiamo il ciclo perfetto della durata di tre mesi, e non ci interessa neanche trovarlo, ci preme solo capire, riguardo al titolo che ci interessa, il tipo di cicli che segue.

La media mobile a 25 giorni è un ottimo metodo. E' ancora migliore se lo utilizzi in associazione con lo studio dell'andamento delle fluttuazioni dei titoli, in quanto ti permette dunque di mettere in evidenza i cicli economici. Intanto individua, qui sul grafico, il punto in cui il titolo buca la media mobile al rialzo, lo vedi?

Sulla prima freccia rossa ti conviene comprare. Poi, dopo circa un mese e mezzo, ecco che torna a toccarla, incrocia il tuo stop, facendoti vendere automaticamente, ma senza rimpianti, perché, a questo punto, tu hai già guadagnato un bel po' di soldi. E' la seconda freccia rossa.

Questo è per farti visualizzare dal vero quello che abbiamo detto prima sulla media mobile. E così via per il ciclo successivo. Inizia una nuova "collina": tu compri quando la media mobile perfora dal basso verso l'alto e rivendi quando la media riperfora il titolo dall'alto verso il basso. In pratica la media mobile ti dice quando entrare e quando uscire da una operazione, il ciclo ti dice se la media mobile ti sta dando un segnale vero o un segnale falso.

SEGRETO n. 33: la media mobile ti dà i segnali di entrata (e di uscita), ma sono veri segnali solo se anche il ciclo è in salita (o in discesa).

Quindi:
- se il titolo perfora la media mobile dal basso verso l'alto + il ciclo sta iniziando adesso la fase di rialzo = COMPRI
- se il titolo perfora la media mobile dal basso verso l'alto + il ciclo non è in rialzo = NON COMPRI
- se il titolo perfora la media mobile dall'alto verso il basso + il ciclo sta iniziando adesso la fase di discesa = VENDI
- se il titolo perfora la media mobile dall'alto verso il basso + il ciclo non è in fase di discesa = NON VENDI

Ora guarda solo i cicli, impara a riconoscerli, in realtà sono immediatamente individuabili nella maggior parte dei casi, anche se non in tutti. Se proprio non ti riesce di vederli, ti consiglio di abbandonare quel titolo che magari, per qualche motivo, non è ciclico nell'intervallo temporale che hai scelto. Comunque faremo tanti esempi per capire esattamente il metodo. Mi interessa che tu impari a riconoscere i cicli per intuirne il possibile andamento.

Guarda questo grafico di **Bulgari**, della durata temporale di 6 mesi (da Giugno a Dicembre):

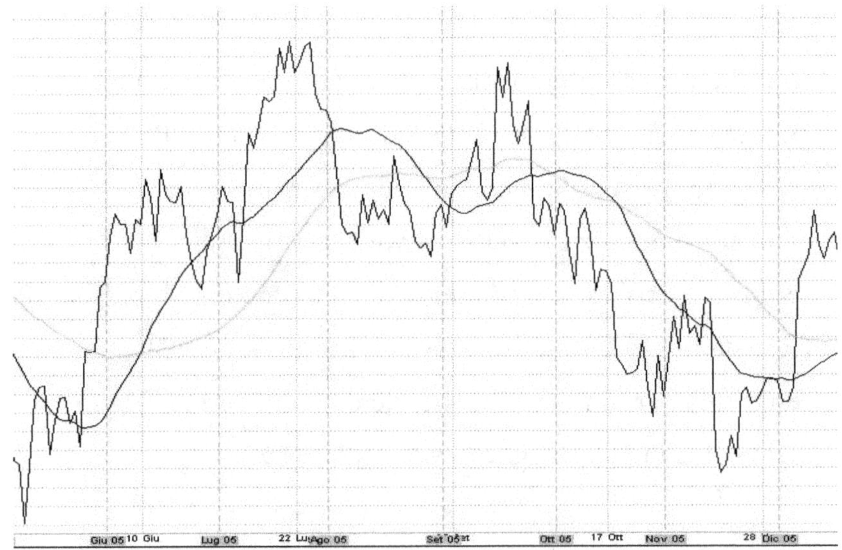

Puoi riconoscere abbastanza facilmente due cicli da 3 mesi e un ciclo da 6 mesi. I cicli a 3 mesi sono evidenziati sempre dalla media mobile a 25 giorni in blu, mentre quello a 6 mesi è indicato dalla media mobile a 50 giorni in verde. Quindi arriviamo al solito discorso, al minimo i più furbi comprano, al massimo vendono e ricomincia il ciclo.

I vari cicli, della durata di 1 anno, 1 mese, un giorno, vanno ad unirsi e si sommano tra di loro, quindi l'andamento del titolo non è altro che la somma di tutti i cicli messi insieme.

SEGRETO n. 34: l'andamento di un titolo è dato dalla somma di tutti i cicli (1 giorno... 3 mesi... 1 anno... etc.)

Poiché lavoriamo su intervalli di medio termine (3 mesi) ci interessano solo cicli a 3 mesi o simili, come ad esempio quelli a 6 o 12 mesi. Questo perché se, all'interno di un grafico, prendi in considerazione sia un ciclo a 3 mesi che quello dell'intero semestre, ti accorgerai che quello semestrale influenza quello del trimestre: si sommano tra di loro. In questo caso la media mobile a 25 giorni, segnalata in blu, mette in evidenza i due cicli a 3 mesi disegnati in blu, mentre la media mobile a 50 giorni evidenzia il ciclo a 6 mesi disegnato in verde. Ovviamente il ciclo a 6 mesi ne contiene due da 3 mesi, e fin qui ci siamo.

Ora concentriamoci sui cicli blu, che ci vengono indicati abbastanza chiaramente dalla media mobile a 25 giorni, influenzata, però, anche da quella verde a 50 giorni. Quindi se sommi questi due grafici, la media mobile a 50 giorni, e la media a 25, ottieni un grafico del genere.

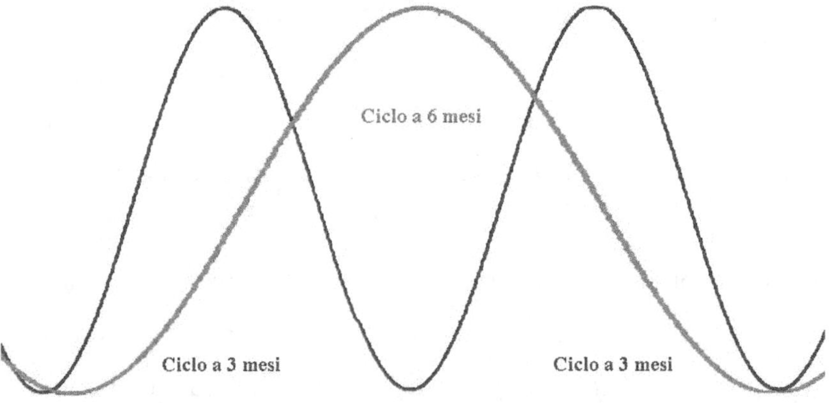

Può esserti immediato agli occhi se hai la mente matematica, se così non è te lo spiego io.

Partiamo dall'inizio, il mese di Giugno: entrambi i cicli iniziano e salgono tutti e due. Infatti le medie mobili a 25 e a 50 giorni lo indicano chiaramente: *sia la linea a 25gg che quella a 50gg salgono contemporaneamente*. Vanno quindi a sommarsi e fanno sì che il titolo tocchi la sua massima crescita perché spinto in alto sia dal ciclo a 3 mesi che dal ciclo a 6 mesi. Questo è un momento ottimo per comprare perché due cicli che si sommano e spingono verso l'alto un titolo sono un'ottima opportunità per fare guadagni consistenti in poco tempo.

Ad Agosto, quando il ciclo semestrale è ancora in crescita (perché, ovviamente, un ciclo perfetto di 6 mesi, cresce per i primi 3 mesi e poi decresce per i secondi 3 mesi), quello a 3 mesi è in calo (perché dopo circa un mese e mezzo è in fase calante). Risultato: quello a 3 mesi scende e quello a 6 mesi ancora sale. Essendo in contrasto tra loro, il titolo smette di crescere e oscilla tra valori medi.

A Settembre nasce un nuovo ciclo a 3 mesi (sempre in blu), ma inizia anche la fase calante di quello a 6 mesi (in verde). Ancora una volta i due cicli sono in contrasto e quindi il titolo oscilla malamente e non offre a noi investitori grandi possibilità di intuire la sua direzione. Infatti quando due cicli sono in contrasto tra loro è molto difficile sapere quale dei due avrà più forza. In questi casi meglio non investire denaro e stare a guardare in attesa del momento opportuno.

A metà Ottobre, il ciclo a 6 mesi è in pieno crollo ed anche il ciclo a 3 mesi inizia la sua fase calante. Risultato: sono entrambi in calo, quindi si sommano e il titolo subisce un vero e proprio crollo. In questi momenti gli investitori esperti investono al ribasso e guadagnano una barca di soldi, perché, come ti ho detto, quando un titolo crolla, lo fa molto velocemente.

Quindi, nel nostro metodo, dobbiamo monitorare **due cicli**: il ciclo a 3 mesi, che è dato dalla media mobile a 25 giorni, ed il ciclo superiore, a 6 mesi, che è dato dalla media mobile a 50 giorni.

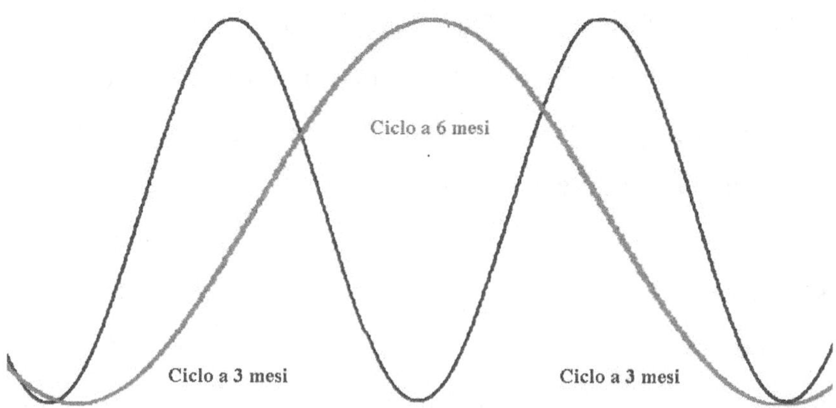

Quindi noi lavoriamo sì con le medie mobili ma le utilizziamo per comprendere i cicli. I cicli, come abbiamo detto, si **sovrappongono** e generano un grafico simile a questo, dove la linea nera rappresenta la somma dei due cicli (rosso+blu):

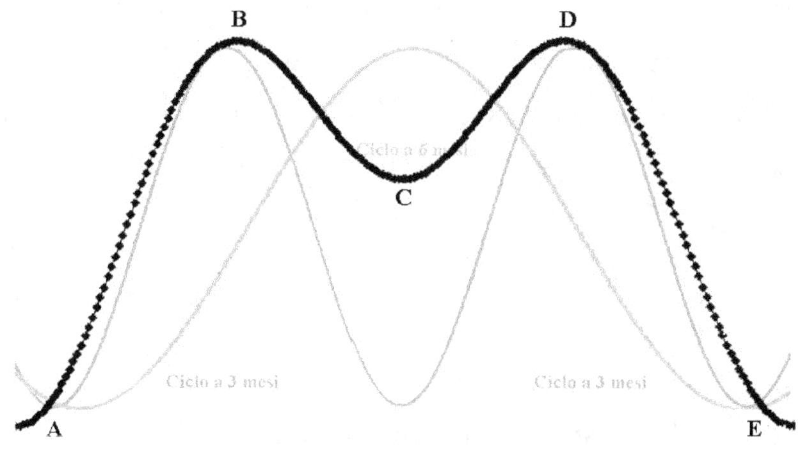

La somma rappresenta più fedelmente l'andamento del titolo. E' come se avessimo scomposto il grafico dell'azione in due cicli principali a 3 e a 6 mesi. In questo modo possiamo studiarlo molto meglio e seguire un metodo preciso per investire.

Quindi quand'è che compro? Se questa è la somma dei due cicli, a me converrà comprare vicino al minimo e vendere vicino al massimo, giusto? Quindi compro in A e vendo in B, idealmente compro nel momento in cui il titolo è in un minimo e vendo quando è al massimo. Poi, da B a C, mentre il titolo sta scendendo o oscilla leggermente, preferisco stare fuori. Ugualmente da C a D, mentre il titolo sta risalendo, mi conviene stare alla larga, perché non posso intuire con certezza quale ciclo prevarrà e, quindi, non avrei le probabilità a mio favore. Da D ad E, invece faccio vendita al ribasso (short selling) perché il titolo crolla in maniera molto veloce. Infatti entrambi i cicli, a 3 e 6 mesi, stanno cadendo, quindi si sommano.

Riepilogando:
- tra A e B vado **long**, cioè compro al rialzo.
- tra D ed E vado **short**, quindi vendo al ribasso.

- tra B-C-D conviene stare fuori.

SEGRETO n. 35: il metodo di investimento prevede di comprare al rialzo quando entrambi i cicli a 3 e 6 mesi sono al rialzo, e di vendere al ribasso quando entrambi i cicli sono al ribasso.

E' vero che teoricamente tra B e C il titolo scende e tra C e D sale, ma di talmente pochi punti che non vale la pena giocare e rischiare. Se decidi di rischiare i tuoi soldi, vuoi farlo solo quando hai le probabilità a tuo favore. Tra A e B hai ottime probabilità che il titolo salga, perché sia il ciclo a 3 mesi che il ciclo a 6 mesi sono al rialzo; tra D ed E hai ottime probabilità che il titolo scenda, perché sia il ciclo a 3 mesi che il ciclo a 6 mesi sono al ribasso; invece tra B, C e D hai probabilità vaghe e molto basse, che, quindi, non sono a tuo favore.

Poi, nella realtà, il titolo oscilla, quindi non c'é un alternarsi così netto di minimi e massimi, spesso rischieresti di andare in pari. Anche perché la media mobile approssima e non ci permette di cogliere esattamente un minimo ed un massimo. Ci indica un momento buono, quindi non compreremo proprio in A ma magari un poco più su. Non venderemo o inizieremo a giocare al ribasso esattamente in D ma un po' più tardi.

Se poi questo discorso lo faccio tra B, C e D, rischio di ridurre sempre di più il mio possibile ed eventuale guadagno, ecco perché vale la pena rischiare soltanto se il guadagno che si andrebbe ad ottenere è molto alto, tale che ci sia almeno un rapporto di 4 ad 1. Quindi rischia 1 se hai l'idea e la possibilità concreta di guadagnare 4.

Per farti capire questo concetto torniamo un attimo al grafico di Bulgari. Facendo due conti, investendo nella salita e nella discesa il guadagno è di circa il 20%. Ho detto che la regola d'oro nel mondo della Borsa è tagliare le perdite e lasciare correre i profitti. In questo caso se dovessi perdere quanto ti troveresti a perdere?

Al massimo il 5% del valore del tuo titolo, perché fissi subito lo stop. Se guadagnassi, quanto guadagneresti? Il 20% rispetto al valore del tuo titolo. Ci siamo perfettamente, il rapporto tra perdite e guadagni è di 4 ad 1, cioè il guadagno deve essere pari a 4 volte il rischio. Quindi se il rischio è 5 devi presumere di guadagnare almeno 20.

In C rischi quanto rischi in A, perché lo stop da te fissato resta il medesimo, diciamo il 5% sotto. Ciò che cambia è che in caso di guadagno, in A questo sarà molto più alto, mentre in C sarà molto, molto limitato, magari del 5% se ti va bene. Quindi il rapporto rischio/profitto sarebbe 1:1. Rischi 5 per guadagnare 5.

Non ti sta bene. Quindi, come ti dicevo, non vale la pena giocare nell'intervallo tra B, C e D. Tra A e B investi al rialzo, tra B, C e D non investi, tra D ed E investi al ribasso.

SEGRETO n. 36: devi investire solo quando il rapporto tra profitto e rischio è di 4:1, in modo che se il titolo scende tu perdi poco, se il titolo sale tu guadagni tanto.

Non è altro che la regola d'oro espressa in numeri: taglia le perdite e lascia correre i profitti. In questo modo, anche andando a caso e indovinando solo la metà dei titoli, i tuoi guadagni saranno 4 volte le tue perdite.

So già che, quando sarai in grado di riconoscere le oscillazioni dei titoli su un grafico e capirai di trovarti in C, nonostante tutti i saggi discorsi che stiamo facendo, non potrai trattenerti dal giocare al rialzo verso un ipotetico punto D, perché comunque c'é la possibilità di guadagnare quei 100-200 euro e ci provi. Sì, puoi farlo ma vai contro le probabilità, cioè non hai più le probabilità a tuo favore. Non c'é più il rapporto di 4 a 1 tra rischio e guadagno, quindi non vale la pena giocare. Non andare mai contro la regola d'oro.

Fidati di me se ti dico che ci vuole molta disciplina per vincere in Borsa. Con un mio allievo una volta facevamo una considerazione di questo tipo, se il metodo è così semplice, cioè per vincere basta, anche solo andando a caso, tagliare le perdite e lasciar correre i profitti, perché non lo fanno tutti? Per i motivi che ti dicevo prima, perché l'emozione non te lo permette. Quando perdi ti fa sperare che il titolo risalga e quindi lasci correre le perdite e quando guadagni ti spinge a vendere per non perdere denaro, così ti trovi a tagliare i profitti. Invece ciò che devi fare è tagliare le perdite e lasciar correre i profitti.

Devi investire considerando sia la media mobile che l'andamento dei cicli, quindi se per ipotesi la media mobile ti consiglia di comprare, perché perfora il titolo dal basso verso l'alto, ed il ciclo del titolo che stai seguendo ti dice il contrario, come devi comportarti? Qual è l'indicatore più affidabile?

La realtà è che devi considerarli entrambi e fare particolare riferimento al ciclo. Quindi prendi per buona l'indicazione ad entrare nell'investimento che risulta dalla media mobile *solo se* ti trovi con i due cicli a favore, quindi tra A e B (al rialzo) o tra D ed E (al ribasso), perché solo così hai tutte le probabilità a tuo favore.

Non prendere per buona l'indicazione della media mobile se sei in situazioni intermedie, ad esempio è sconsigliabile vendere tra B e C e comprare tra C e D perché hai le probabilità contro. Questi sono i classici falsi segnali della media mobile, che le hanno dato la pessima reputazione di inaffidabilità. Infatti quando i due cicli si scontrano (tra B-C-D) la media mobile perfora spesso il titolo, creando il panico tra tutti i novelli investitori che conoscono il semplice metodo della media mobile: compra se perfora dal basso verso l'alto, vendi quando perfora dall'alto verso il basso. Poi, magari, dopo due giorni la media riperfora il titolo e ci si trova con decine di operazioni eseguite senza aver guadagnato niente, anzi avendo speso centinaia di euro in commissioni al broker.

SEGRETO n. 37: la media mobile, se non accompagnata dalla teoria dei cicli, non funziona a causa dei falsi segnali.

Maggiori sono le informazioni di cui disponi e maggiori sono le probabilità a tuo favore. Torniamo ancora al grafico di **Bulgari**:

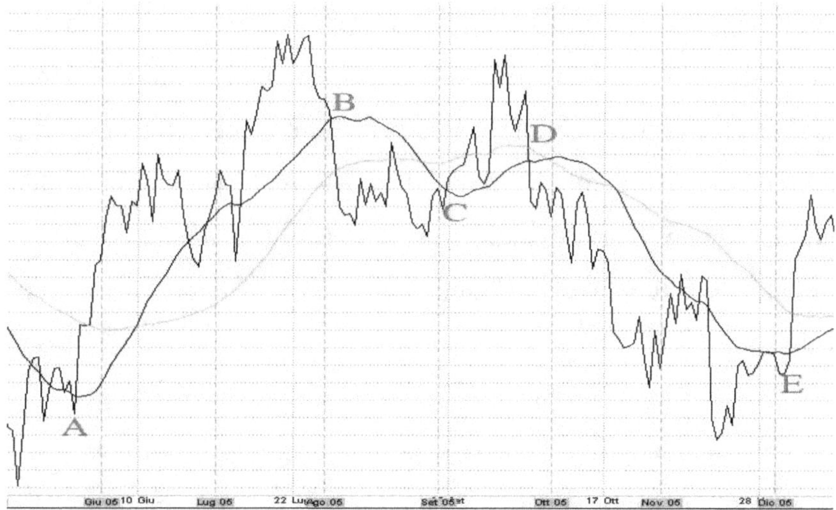

Io uso i prodotti di Bulgari, quindi il marchio Bulgari mi convince molto sia come qualità dei prodotti che come titolo. Voglio che visualizzi in questo grafico reale quello schematizzato per l'esempio di prima. Riesci a vedere i vari punti, A, B, C, D ed E che ti ho indicato poco fa? E' identico al grafico del disegno, indica la somma dei cicli. In particolare la somma dei due cicli a 25 giorni, e di quello a 50 giorni.

Quindi quand'è che devi comprare? In A la media mobile perfora dal basso ed entrambi i cicli stanno iniziando la loro crescita; quindi è il momento giusto per comprare, investendo al rialzo. Nel momento in cui il ciclo a 3 mesi sta per passare dalla fase crescente alla fase calante (dopo circa un mese e mezzo) e la media perfora dall'alto verso il basso, è il momento di vendere. Poi tra B-C-D stai fuori perché la situazione non è affatto chiara. In D invece tu vedi entrambi i cicli iniziare a scendere e quindi, allorché la media mobile ti dà il suo segnale (la perforazione dall'alto verso il basso) puoi investire al ribasso, sapendo di avere probabilità a tuo favore. Il tutto ricomincia in E con un nuovo ciclo.

Se non considerassi i cicli, la sola media mobile ti darebbe una miriade di falsi segnali che, in realtà, sono in contrasto con i cicli. Quindi, in questo caso, puoi permetterti di *ignorarli* e proseguire con il tuo investimento. In caso contrario saresti uscito con molto anticipo e avresti perso buona parte del profitto. Con questa tecnica, cioè combinando le indicazioni dei cicli con quelle della media mobile, riesci ad evitare molti falsi segnali che quest'ultima può fornirti.

Invece quando in B arriva il momento in cui la media mobile è bucata a scendere, il titolo è senz'altro da vendere. E così via. Si chiude un ciclo e ne ricomincia uno nuovo, e il nuovo, probabilmente, somiglierà ai precedenti. Ci sarà un nuovo minimo che ti permetterà di giocare al rialzo, un momento incerto che ti consiglierà di stare fermo e una discesa che ti inviterà a vendere al ribasso.

A te cosa interessa sapere? Devi capire dove sei rispetto al grafico che stai studiando secondo le indicazioni. Sei tra A e B, quindi nella fase di rialzo? Compra. Sei tra B, C e D, quindi in una fase incerta? Lascia perdere. Sei tra D ed E, quindi in un momento di forte discesa? Vendi al ribasso.

SEGRETO n. 38: compra al rialzo tra A e B, rimani fuori tra B-C-D, vendi al ribasso tra D ed E.

La media mobile ti dà una buona indicazione nel momento in cui è perforata dal titolo. Se il titolo la buca al rialzo è il momento di acquistare, al ribasso di vendere. Devi aspettare che la media mobile curvi, che cambi direzione. Quando è piatta, si dice che la velocità è zero e sta cambiando direzione: è quasi certo che di lì a poco curverà, è un buon indizio per agire in un senso o in un altro, vuol dire sta cominciando un nuovo ciclo. Vale la pena seguire l'indicazione fornita dalla media mobile nel momento in cui questa cambia direzione, altrimenti si rischia di incappare in una serie di falsi segnali. La media mobile funziona ed è affidabile, ma, considerata a sé, in molti casi dà falsi segnali, invece va combinata con la teoria dei cicli per un trading ottimale.

Nel momento in cui il titolo buca la media mobile al ribasso tu saresti tentato di vendere, invece aspetta se la combinazione dei cicli te lo sconsiglia, se ti dà un segnale di incertezza. Infatti poco dopo il titolo può incrociare di nuovo la media mobile al rialzo ed essendo il titolo rimasto a salire, sai di poter tenere l'investimento con buone probabilità di successo. Come puoi vedere dal grafico di Bulgari, ad un certo punto la media mobile ha raggiunto un massimo e tu sai di trovarti in B, punto nel quale devi fermarti perché inizia la situazione incerta.

Ora, se osservi il grafico, ti rendi conto che mentre il titolo sta incrociando la media mobile al ribasso, i cicli a 3 mesi, blu, ed il ciclo a 6 mesi, verde, stanno tendendo verso il basso. E' chiaro, ti trovi nel punto D dove puoi, con una certa sicurezza, vendere al ribasso. Ricomprerai in E. Utilizzando la media mobile, come vedi, non riesci a cogliere il minimo ed il massimo, ti accontenti; ma accontentarsi ogni giorno alla fine crea una bella rendita conquistata con pochi rischi e stress, così come il casinò si accontenta del suo 3% di vantaggio. Alla lunga fai un sacco di soldi e rischi di meno, cosa che, soprattutto all'inizio, è importante.

Se confrontiamo i cicli del nostro grafico notiamo che, più o meno, hanno tutti la stessa durata, corrispondente ad alcuni mesi. Alla fine dei 6 mesi, sul punto E, ti rendi conto che il titolo sta bucando la media mobile al rialzo. Ricompreresti? Sì o no? Dovresti farlo, perché la media mobile sta girando, sta cambiando direzione e, anche se un po' in ritardo rispetto al minimo, ti conviene acquistare; poi, a crescita conclusa, rivenderai.

Mi piacerebbe fare una specie di simulazione con te. Abbiamo detto che avresti comprato, non è così? La media mobile è stata attraversata al rialzo, quindi il segnale è di acquisto. A questo punto il ciclo è finito e ne potrebbe cominciare uno nuovo perché, come abbiamo visto, questo titolo segue dei cicli regolari. Vediamo come prosegue il grafico di Bulgari nei mesi a seguire:

Comprando sulla freccia rossa, prevedibilmente, vi sarà un'ottima salita, perché ci troviamo sulla somma di due cicli al rialzo. Poco tempo dopo il titolo buca la media al ribasso, inoltre il ciclo a 3 mesi sta tendendo verso il basso, è quindi un buon momento per vendere perché certo non vuoi perdere quanto guadagnato fino ad adesso.

Andiamo avanti, ecco che il titolo risale e buca la media a 25 giorni. Potrebbe essere un piccolo rialzo intermedio, potrebbe trattarsi di un punto C, quindi aspetterei per fare qualsiasi cosa. Il titolo continua a salire ed è ancora tutto teso verso l'alto, quindi sarebbe stato un buon momento per comprare. Probabilmente mi trovo ancora tra A e B, quindi nel primo tratto. Solo che è facile dirlo dopo, mentre non sarebbe stato altrettanto facile definirlo in tempo reale.

Infatti se consideri le dimensioni del ciclo, puoi considerare di essere circa a metà. E' vero, poteva ancora tendere verso l'alto, ma a questo punto acquistare sarebbe stato molto rischioso. La teoria dei cicli ti dice che da ora in poi potrebbe scendere. Nel dubbio stai fuori, comprando ora giocheresti contro le tue possibilità. Sì, c'é la probabilità che il titolo salga ancora, ma questo andamento sarebbe l'eccezione che conferma la regola, non rispetterebbe il metodo. Se segui il metodo in maniera ferrea, non sbagli e rischi il meno possibile.

L'idea più giusta è studiare un grafico della durata approssimativa di **un anno**. In questo modo avrai la possibilità di distinguere con chiarezza l'alternarsi dei vari cicli e ne potrai verificare la durata. Se ti rendi conto che più o meno tutti i cicli generati dal titolo durano tre mesi, quasi certamente, con le probabilità a tuo favore, anche i prossimi avranno la stessa durata. Non ne puoi essere certo, come non c'é nulla di certo nel trading. Per interrompere un ciclo basta che accada un qualsiasi inconveniente anche nell'intraday, ed il titolo inizia a scendere prima di quanto ci si sarebbe potuti attendere.

Ciò che devi fare, studiando un grafico, è **individuare in esso i punti A, B, C, D, E**. Non è sempre facile, però l'importante è che ti sia chiaro il meccanismo, che tu capisca che si compra solo tra A e B, punto. Tra B-C-D resta neutro, quindi fuori dal mercato, perché hai le probabilità a sfavore, non hai più quel rapporto buono del quale necessiti per acquistare. Da D ad E si gioca al ribasso, vendi in D e ricompri in E, quando costa poco, e poi si ricomincia.

Per fissare bene nella tua mente questo importante concetto, vediamo un altro titolo: **Alleanza Assicurazioni**.

Guardando il solo titolo in nero, l'andamento sarebbe molto complesso. Visualizzando le medie mobili invece cambia tutto: abbiamo la media a 25 giorni in blu, che crea due cicli, e la media a 50 che crea un unico ciclo più grande in verde. Qual è il problema di questa azione? Che ha delle oscillazioni molto forti. Lo vedi? Ha dei picchi intensi e poi crolla, poi risale e poi di nuovo crolla. Sono azioni che anch'io, almeno all'inizio, ti consiglierei di evitare. I titoli americani hanno un andamento molto simile a questo, infatti hanno degli sbalzi, delle oscillazioni molto pronunciate. Inizialmente gioca su titoli italiani che sono più stabili, hanno cicli più morbidi. Alleanza Assicurazioni, con i suoi picchi positivi e negativi è un'eccezione, e per questo la studiamo insieme.

Ti mostro il grafico di questa azienda proprio per farti vedere come le medie mobili ti aiutino ad interpretare l'andamento dei cicli. E' naturale che non siano così netti come nel grafico disegnato di poco fa, ma i vari punti si riconoscono. All'inizio, tra A e B, si sommano i due cicli a 3 e 6 mesi, al centro, tra B e D, vi è la fase in cui è meglio essere neutri, e verso la fine del grafico, dopo D, scendono tutti e due i cicli. Li vedi? Bene, tra A e B giochi long, quindi al rialzo, ma dove esattamente? Nel punto in cui il titolo buca la media mobile.

Compri subito e continui a farlo sino al punto in cui la media mobile ti consiglia di uscire. Purtroppo non prendi il massimo, come al solito, rivendi un po' prima. Forse ti scoccerà aver perso quel bel picco massimo, ma questo è il metodo e se vuoi vincere non devi tradirlo, perché la volta che provi a cogliere il massimo farai certamente qualche stupidaggine. Magari pensi che il massimo sia arrivato, e non è così, rivendi e ti perdi un altro pezzetto di rialzo. E' chiaro? Non puoi sapere cosa ti aspetta, magari arriva un rialzo enorme e te lo perdi perché hai tagliato il profitto. Seguendo la media mobile venderai un po' in ritardo rispetto al massimo, ma va bene così.

Poi il titolo ha una flessione, che fai? Resti neutro ovviamente, perché ti trovi nella zona tra B e D. Il primo picco è B, il minimo successivo è C, poi risale un po', ma quasi subito riscende, quindi alla fine quanto avresti guadagnato? Da B a D davvero poco. Poi fa addirittura un altro balzo, questo non te lo aspettavi, quindi qui che fai? Non sei certo. Poi qui c'é quest'altra punta e qui comincia a girare. Dopo il primo balzo in zona neutra, invece non aveva girato, era restato piuttosto piatto. Vedi come questo sia anche indicativo? La media mobile deve girare perché tu ti persuada a vendere.

Se prendi la media a più breve termine, ad esempio a 10 giorni, ovviamente anticipa, quindi coglierai il massimo al picco massimo ed il minimo al picco minimo, ma rischierai molti più falsi segnali. Ricordati che quella a 25 è la media ideale, ottimizzata per cicli di questo tipo, a 3 mesi. Giocando con tempi più stretti o maggiormente dilatati pagheresti troppo in commissioni e rischieresti di vendere e comprare nei punti sbagliati. Quella a 10, a maggior ragione, risente delle oscillazioni, se già i movimenti del titolo ti confondono con la media a 25 figuriamoci con una a tempi più ravvicinati.

A ben vedere, in D, sia la media a 25 che quella a 50 stanno scendendo, quindi potrebbe essere un buon momento per vendere al ribasso, infatti guarda come crolla. Poi, magari, ricomprerai quando risalirà. Non riuscirai a centrare il minimo, ovviamente, ma guadagnerai bene ugualmente. C'é l'istinto a voler cogliere questo benedetto massimo. Sei portato ad eliminare lo stop nella speranza che il profitto salga ancora per un chilometro. Alla fine che fai? Rischi di tagliare i profitti e lasciar correre le perdite.

Il metodo è semplice ed immediato da capire, è facilissimo applicarlo, ma anche chi parte con i migliori propositi poi si fa prendere dalla febbre del gioco e non resiste alla tentazione di fare di testa sua. Magari riuscirai a cogliere il massimo alcune volte, ma non possiedi un metodo abbastanza forte da durare nel tempo. E' inutile spendere tante energie nel tentativo di cogliere un massimo una sola volta. Sì, realizzi un bel guadagno, ma poi, sul lungo termine, perdi. Che senso ha guadagnarci tanto se poi perdi in tutte le altre operazioni? Quindi è meglio un metodo meno rischioso, che ti dà meno guadagno, ma più affidabile e costante nel tempo.

Riepiloghiamo il metodo, cioè tutto quanto abbiamo visto sinora riguardo la parte tecnica e ciclica. Sul tuo broker online scegli la media che vuoi prendere in considerazione, intraday, 10, 15, 25, 50 giorni o altro. Come ti dicevo, ti conviene scegliere quella a 25 giorni. Dopo di che, attraverso la tua media, cerca di individuare i cicli a 3 mesi. Guarda lo storico di quel titolo, il grafico ad un anno, verifica se effettivamente si ripetono cicli con la cadenza da te individuata. Se è così c'é da aspettarsi che continui sempre nel medesimo modo. Fin qui è molto facile.

Prendi il grafico e cerca i cicli che durano circa 3 mesi e che sono individuati dalla media mobile a 25 giorni. Poi verifica che il ciclo superiore, cioè quello individuato dalla media mobile a 50 giorni, che quindi corrisponde a circa 6 mesi, vada nella stessa direzione della media a 25 giorni. Bene, quand'è che compro? Quando sia la media a 25 giorni, che la media a 50 giorni, salgono.

Quindi individua i cicli blu, a 25 giorni, poi il ciclo verde, a 50 giorni, e compra se e solo se il blu ed il verde stanno entrambi salendo, ovvero se ti trovi tra A e B. Se invece sono in contrasto tra di loro, quindi se il blu scende ma il verde ancora sale, oppure il verde scende ma il blu sale, lascia perdere perché la situazione è dubbia, potrebbe confonderti. La media a 50 può essere particolarmente piatta e può, in quel momento, essere prevalente. Nell'incertezza tieniti fuori mercato.

Quando tutti e due scendono, hai buone probabilità che il titolo scenda ed anche piuttosto velocemente, quindi puoi investire al ribasso. Per cui, dopo aver individuato i due cicli, verifica che siano nella stessa direzione. Senza voler ricordare perfettamente il grafico, la regola generale è che quando i due cicli sono nella stessa direzione giochi, altrimenti no.

SEGRETO n. 39: investi solo quando i due cicli a 3 e 6 mesi sono nella stessa direzione perché hai le probabilità a favore.

Questo è importante, quando sia il ciclo su cui giochi, quello a 3 mesi, che quello superiore, cioè quello a 6 mesi, sono nella stessa direzione, investi nel senso indicato dalla direzione stessa. Se sono tutti e due a salire, compri al rialzo, se sono tutti e due a scendere, vendi al ribasso. Esattamente quando compri e quando vendi? Compri e vendi quando l'azione perfora la media mobile a 25 giorni. Compri quando sta salendo, quindi quando il titolo perfora dal basso verso l'alto la media mobile e vendi quando accade il contrario.

Riprendiamo il grafico di Google nel quale il titolo è quello in nero e la media mobile a 25 giorni, che ci interessa, è quella in blu.

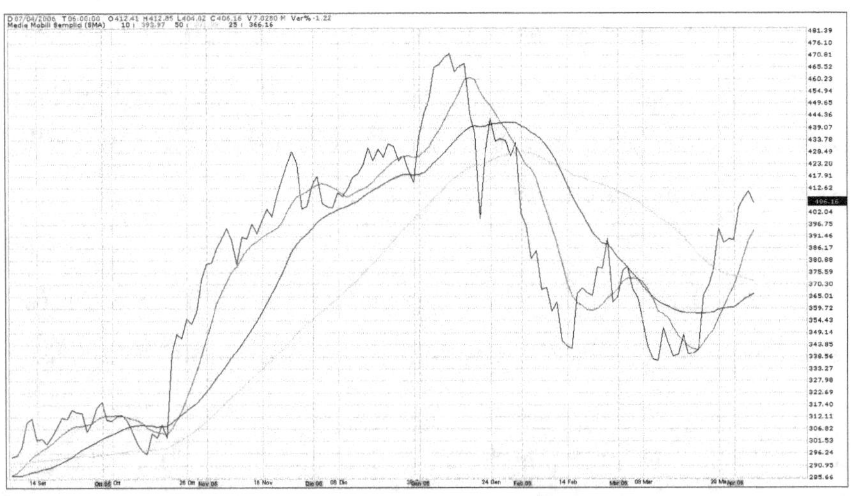

Il titolo si muove dal basso verso l'alto, quindi sta crescendo, perfora la media dal basso verso l'alto ed, ovviamente, compro. Quando perfora la media dall'alto verso il basso vuol dire che sta scendendo, ed io vendo. Ciò a patto che i cicli mi diano l'ok, mi confermino che i segnali della media mobile sono buoni. Se i cicli non me li confermano ed ho dei dubbi, è molto meglio che stia fuori.

Fatti venire dei dubbi. Fino a che non sei assolutamente convinto lascia perdere. Ti parla uno che, all'inizio, ha perso un sacco di soldi.

Per quanto riguarda la media a 10 giorni, quella che nel grafico è disegnata in rosso, certo, è molto più precisa ed aderente al titolo, ti permette di cogliere i minimi ed i massimi, ma ti dà anche una quantità di falsi segnali. In ogni caso la puoi utilizzare per verificare il cambiamento di direzione. Però, ricorda, compra solo quando il titolo perfora verso l'alto la media a 25 giorni, quella disegnata in blu. Vendi solo quando la perfora verso il basso.

Io ho provato con la media a 10 giorni, convinto che mi avrebbe aiutato a comprare prima anticipando l'indicazione di salita della media a 25. Il titolo è salito e poi subito dopo è ridisceso. Non c'é la necessaria affidabilità, perché il titolo, con la media a 10 giorni, è sottoposto a cicli troppo ravvicinati, cambia direzione troppo spesso. Meglio approssimare con la curva a 25.

Quindi il metodo, alla fine, è semplice. La cosa difficile è applicarlo alla lettera. Lo so che tu, magari, approfondendo, facendo pratica, penserai di aver trovato un possibile miglioramento al metodo: come cogliere i massimi ed i minimi senza approssimare, sfruttando del tutto la salita o la discesa del titolo, come ridurre le perdite, come aumentare i guadagni.

Tuttavia nel tentativo di aumentare il guadagno aumenti proporzionalmente anche il rischio. Se desideri accollarti un rischio contenuto, moderato, forse guadagnerai di meno, ma le tue entrate saranno certo più costanti. A mio avviso è molto meglio guadagnare non molto ma sempre. Che poi per "non molto" intendo comunque ottime percentuali anche il 15-20% ad operazione.

Torniamo ad analizzare altri esempi. Diciamo che hai deciso oggi di iniziare ad investire in Borsa, hai attivato il collegamento ad internet, hai aperto un conto su Fineco o sul tuo broker preferito, e apri il grafico di una società che ti interessa. In questo caso studiamo il grafico dell'azienda **Danieli**, società italiana che tratta l'acciaio.

Dal grafico vedi che se avessi iniziato a monitorare il titolo della Danieli da un po' di tempo, avresti già avuto un buon picco da sfruttare per acquistare (A-B), seguito poi da una discesa piuttosto rapida (BC), e poi un'altra lieve oscillazione a salire (CD).

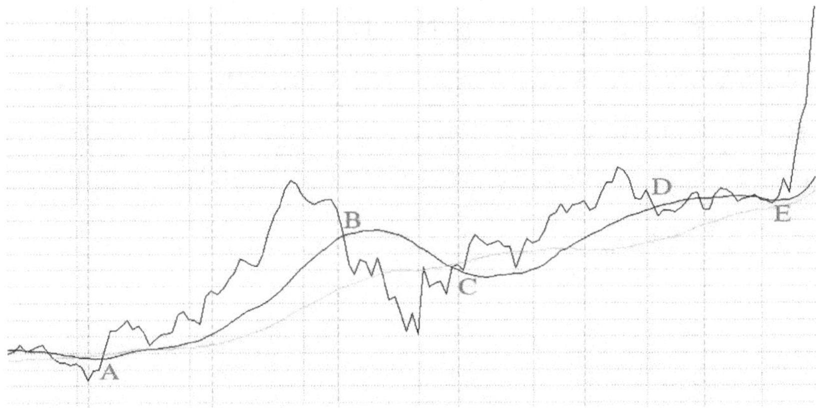

Andiamo avanti. Si tratta di un ciclo a 6 mesi. A questo punto in C la media mobile a 25 giorni ha chiuso il suo ciclo, quindi, probabilmente, ne sta per cominciare uno nuovo. Per lo meno è presumibile che vada così. La media a 50 giorni, invece, sta ancora salendo, è un po' piatta e di difficile comprensione. Non hai dati sufficienti per capire come si muove, dovresti avere la visione di tutto l'anno precedente per capire come va ciclicamente il titolo, come si comportano le sue medie, come interagiscono fra loro. Qui hai invece solo la visione dei due mesi precedenti e non può essere sufficiente. Devi indovinare se la media mobile a 50 giorni sta seguendo dei cicli, o sta disegnando una retta continua verso l'alto, al momento non lo sai.

Comunque, dato che conosco l'andamento di questo titolo, posso suggerirtelo. La media a 50 disegna una retta che tende verso l'alto, quindi che fai? Compri o no? No, non comprare, è sempre meglio essere prudenti, infatti seppure la media a 50 sale decisamente, le medie a 25 hanno concluso il loro ciclo, non c'é omogeneità, vi sono segnali *contrastanti*, quindi è meglio tenersi fuori. Io dico che faresti bene a non comprare, perché quando non hai elementi sicuri per farlo, rimanere fuori è la scelta più saggia. In ogni caso, anche se la media a 50 giorni è più piatta rispetto ai due cicli della media a 25 giorni, fa comunque il suo ciclo, riesci a vedere i punti di riferimento A-B-C-D-E? Il ciclo inizia, forma un piccolo dosso e poi, poco dopo, riscende.

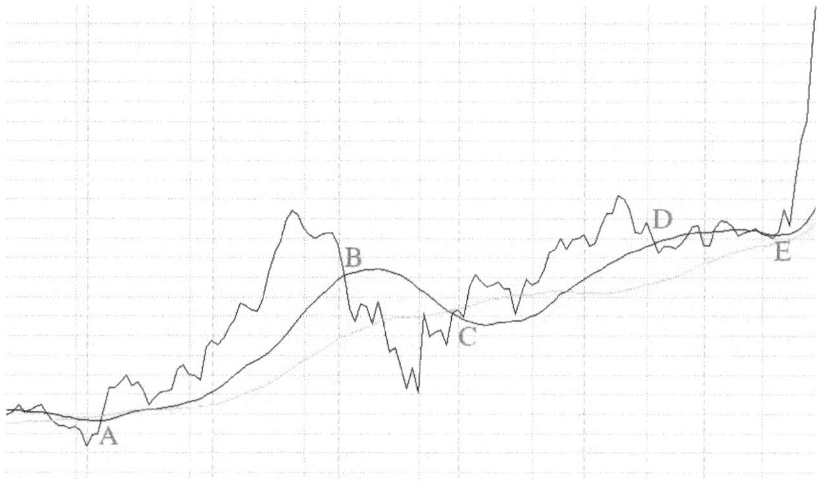

Ho preso questo esempio perché è piuttosto anomalo e meno evidente dagli altri. Ma voglio insegnarti a vedere e comprendere i cicli anche qui, perché così di fronte alle difficoltà saprai come fare. Come ho fatto a capire che quello è il ciclo a 6 mesi se la media a 50 giorni è praticamente piatta? Molto semplice, il ciclo a 6 mesi è dato da due cicli a 3 mesi e poiché questi sono molto evidenti, allora posso presumere che quel leggero rigonfiamento sia il ciclo a 6 mesi.

Rimane comunque un'anomalia: infatti nel punto D, nonostante i due cicli a 3 e 6 mesi siano al ribasso, il titolo continua a salire. Come mai? La risposta è che ci sono dei **cicli sottostanti** che spingono tutto verso l'alto. Infatti come ti ho detto all'inizio della teoria dei cicli, esistono infiniti cicli uno dentro l'altro. Esisterà, dunque, anche un ciclo ad 1 anno che contiene due da 6 mesi e 4 da 3 mesi. Osservando il grafico si può notare che ci potrebbe essere un ciclo ad 1 anno, molto forte e in piena fase crescente, che spinga quelli più piccoli verso l'alto. Quindi quelli a 3 e 6 mesi ci sono, sono visibili, ma invece di stare in piano è come se stessero leggermente in salita. Magari si trovano nei primi 6 mesi al rialzo di un ciclo ad 1 anno, mi spiego?

Ovviamente non puoi calcolare gli andamenti di tutti i cicli sottostanti, non potresti, diverresti pazzo. Però puoi approssimare tutti i cicli ulteriori rispetto a quelli che stai studiando tramite una retta che li unisce e li approssima.

SEGRETO n. 40: puoi approssimare eventuali cicli sottostanti annuali con una retta inclinata che segue l'andamento del titolo.

Prendi il grafico della somma dei cicli a 3 e 6 mesi e aggiungi ad esso una retta di sottofondo. Il risultato è il medesimo grafico, posizionato in senso obliquo:

215

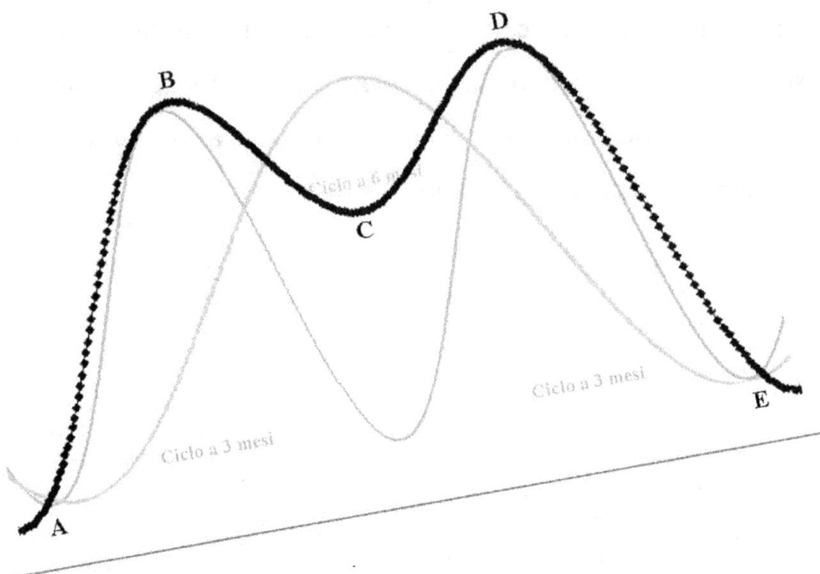

In tal caso investire tra A-B è molto conveniente, perché hai la somma di 3 cicli, quindi la salita è veloce e molto forte. Al contrario la vendita al ribasso tra D-E è meno favorevole, perché, per quanto siano due cicli al ribasso, hai comunque la retta sottostante che spinge verso l'alto. Quindi in questo caso ha sì due cicli (a 3 e 6 mesi) che sono in ribasso, ma hai i cicli sottostanti in rialzo: segnali contrastanti consigliano di stare fuori dal gioco.

Viceversa se la retta sottostante spinge verso il basso:

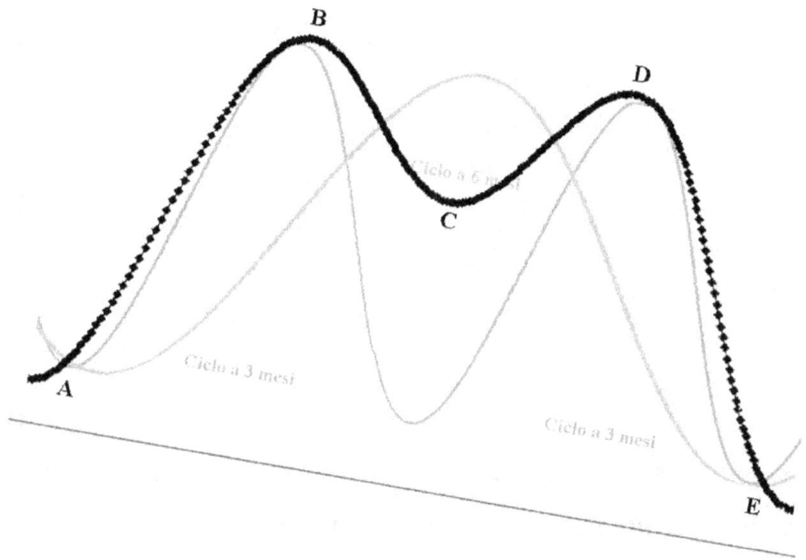

In tal caso la parte più favorevole è proprio tra D-E in quanto la discesa è favorita sia dai cicli a 3 e 6 mesi che dalla retta sottostante che approssima i cicli più grandi. Invece nel periodo A-B meglio astenersi, perché nonostante i due cicli al rialzo, la retta sottostante va al ribasso: segnali contrastanti, tu stai fuori dall'operazione.

Tornando al grafico della Danieli, immagina che alla base ci sia dunque una retta che esprime i cicli oltre i sei mesi e che, come vedi, tende a salire.

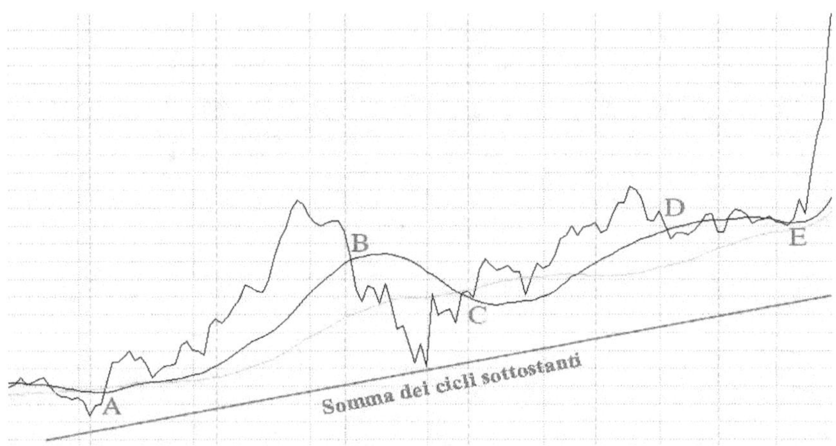

Sai che al di sotto di questa retta c'é una forza che spinge verso l'alto. Intanto monitori il ciclo a 6 mesi e gli altri due cicli da 3 mesi, e vedi che uno dei cicli a 3 mesi sta per chiudersi. Sono approssimazioni, ovviamente, devi cercare di individuare i famosi punti dalla A alla E, e quindi i cicli nel grafico, per cercare di capire cosa devi fare.

Nel momento in cui salgono entrambi i cicli, individuati dalle media mobili a 25 e 50 giorni, sei certamente fra A e B e ti conviene comprare, è un buon segnale. Nel momento in cui c'é contrasto fra i due cicli resta fuori dal mercato, non fare nulla, sei tra B e D, quindi temporeggia ed aspetta segnali più sicuri.

A questo punto, dato l'andamento della parte precedente del ciclo, potresti pensare di trovarti in D e quindi saresti tentato di vendere e giocare al ribasso. Studiamo l'andamento delle medie mobili a 50 e 25 per farci un'idea più precisa del da farsi.

La media a 25 sta scendendo, quindi, ad attenersi a questo dato, si potrebbe giocare al ribasso. Studiamo ora il ciclo a 50. Resta piuttosto piatto, non si curva verso il basso, tra l'altro, i cicli sottostanti definiti dalla retta, come ti ricorderai, spingono al rialzo. Che dire? Vi sono segnali contrastanti, quindi stai fuori dal mercato ancora per un po'. Non giocherei al ribasso perché comunque c'è sotto la forza di altri cicli che non conosco e che spinge verso l'alto.

Infatti, poco dopo D, ecco che il titolo buca più volte la media a 25, quindi si tratta di falsi segnali. Il ciclo a 3 mesi, evidentemente, era piuttosto lungo e non si era ancora concluso. E' meglio che resti fuori se non sei sicuro. Qui c'era il ciclo a 3 mesi che scendeva, il ciclo a 6 mesi che restava piatto e ulteriori cicli annuali che andavano, invece, verso l'alto. Come sai, se i cicli contrastano, è saggio tenersi fuori dal mercato.

Arriviamo ad un certo punto dove ci rendiamo conto che sono terminati entrambi i cicli a 25 ed è finito anche quello a 50. A questo punto potremmo trovarci in E. Da questo momento in poi i cicli a 25 ed a 50 potrebbero entrambi salire, ed è presumibile che lo facciano, ed in più c'é la retta sottostante del ciclo ad 1 anno che spinge verso l'alto. Le indicazioni sembrano ottime, in E ho **3 cicli che si sommano** e spingono verso l'alto, io giocherei senz'altro al rialzo, ed infatti, vedi? Sale alla grande! Faresti bene a comprare perché ci sono tre cicli che vanno nella stessa direzione, ed il titolo sale velocemente.

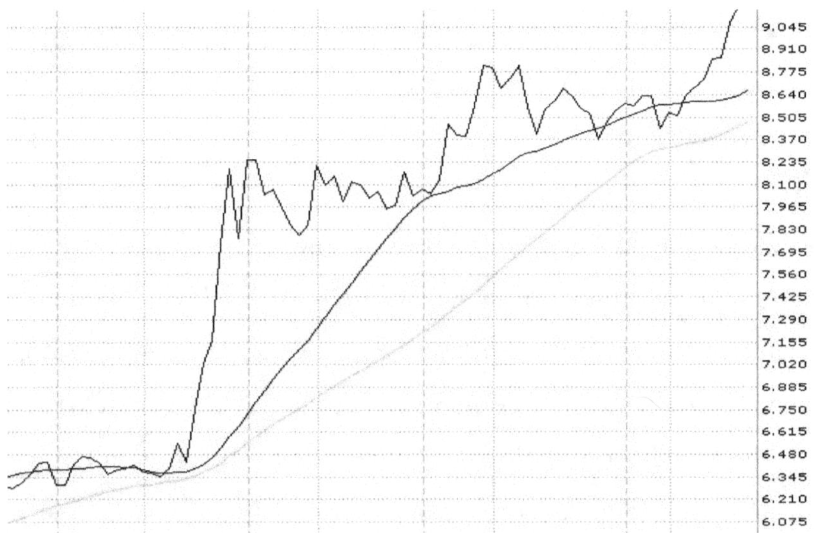

Lascialo salire, non tagliare i profitti. Anche se ora il titolo dovesse riscendere e bucare la media, aspetta il segnale giusto. Lo so che ti piacerebbe prendere un massimo e potresti avere la tentazione di vendere e tagliare i profitti perché credi di essere già arrivato al picco massimo. Il fatto è che dovresti essere un preveggente per avere una intuizione infallibile sull'andamento di un titolo. La tentazione di vendere c'é ed è forte. Ti succederà, alcune volte, di ascoltarla, vendere e vedere il titolo salire ancora moltissimo, o di non ascoltarla restare inerte e poi vedere il titolo crollare. Insomma potrai prendere delle cantonate assurde, rimarrai scottato, ma non c'é niente da fare, ti potrà capitare ancora, è umano. Però se segui un metodo, ti sentirai più tranquillo e avrai le probabilità dalla tua parte.

Ora concentriamoci sulla parte finale del grafico. Diciamo che abbiamo visto andare in un'unica direzione, al rialzo, il ciclo a 3 e quello a 6 mesi. Dopo di che il ciclo a 6 ha continuato a salire ed il ciclo a 3 è sceso. Dovremmo essere arrivati più o meno al punto C, quindi io ora starei fuori. L'ipotesi più probabile è che il ciclo a 6 ora si richiuda deviando leggermente verso il basso. Infatti vedi come ripiega alla fine de grafico? Poi, essendoci sempre la nostra retta sottostante a spingere verso l'alto, potrebbe risalire arrivando ad un nuovo massimo. Ricorda però sempre che quando non hai certezza, è assai meglio star fuori dal mercato, entra solo se hai una buona sicurezza circa l'andamento del titolo.

Noi ci siamo concentrati sui cicli a 3 ed a 6 mesi, tuttavia ricorda che ci sono dei cicli anche minori, ad un giorno, ad una settimana e così via, con oscillazioni variabili, perché più aderenti al reale andamento del titolo. Sarebbe più facile, seguendoli, cogliere i picchi minimi e massimi, ma sarebbero anche molto più frequenti false indicazioni, quindi non ti interessano. Ci sono poi cicli superiori ai 50 giorni, anche annuali. E' ovvio che tu non possa concentrarti su tutti questi cicli, quindi approssimali con una retta, come ti ho spiegato in precedenza. Se un ciclo sale è probabile che i cicli sottostanti lo spingano al rialzo.

Affinché tu capisca perfettamente il meccanismo, vediamo il comportamento del titolo della **Coca Cola**, su una scala di 1 anno.

E' abbastanza facile riconoscere 4 cicli da 3 mesi (in blu) e 1 grande ciclo annuale (in verde). Immagina di scomporre il grafico in 2 parti, il primo semestre e il secondo semestre e dimmi se il risultato non è molto simile alla somma dei nostri due schemi, il cui schema unitario forma il **ciclo ad 1 anno**:

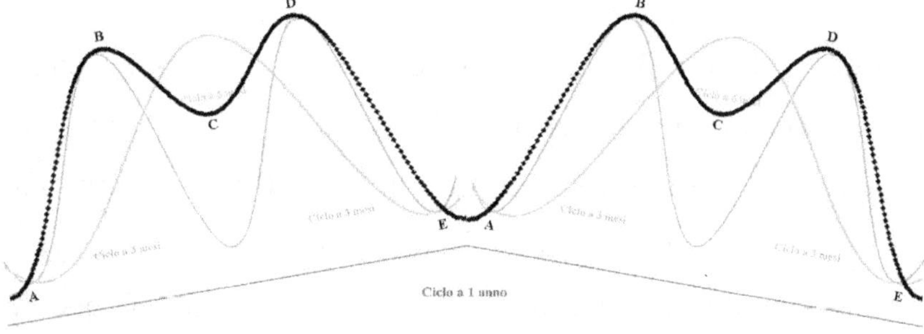

SEGRETO n. 41: puoi disegnare la sovrapposizione di 3 cicli (a 3, 6, 12 mesi) utilizzando la concatenazione dello stesso schema dato dalla somma di due cicli.

Vederlo è molto facile, infatti basta scomporre ed analizzare i due semestri uno ad uno. Partiamo dal primo semestre e cerchiamo i nostri consueti punti A-B-C-D-E:

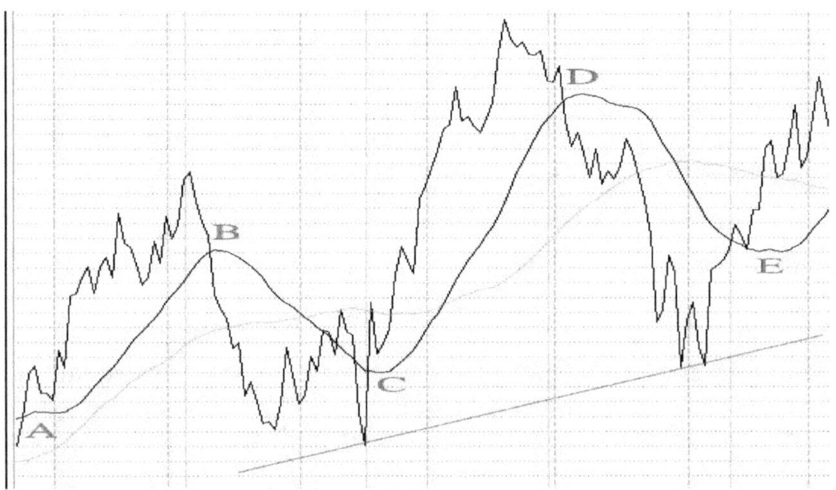

In questo grafico è piuttosto agevole fissare chiaramente i punti A, B, C, D ed E: quindi vediamo il classico schema dei due cicli sovrapposti, ciclo a 3 mesi e ciclo a 6 mesi. Il tutto condito da una spinta verso l'alto che possiamo approssimare con una retta (in rosso). Guardando il grafico ad 1 anno, sappiamo che questa spinta verso l'alto si deve proprio al ciclo ad 1 anno, però non importa, infatti quando studi un semestre, puoi approssimare la spinta con una semplice retta obliqua. Poi che questa spinta dipenda dal ciclo ad 1 anno o a cicli ancora più grandi, a 4, 16, 32 anni, non importa.

Allo stesso modo, possiamo analizzare la seconda parte del grafico, il secondo semestre, e fissare su di esso i punti di riferimento e l'eventuale retta di spinta verso il basso (in rosso).

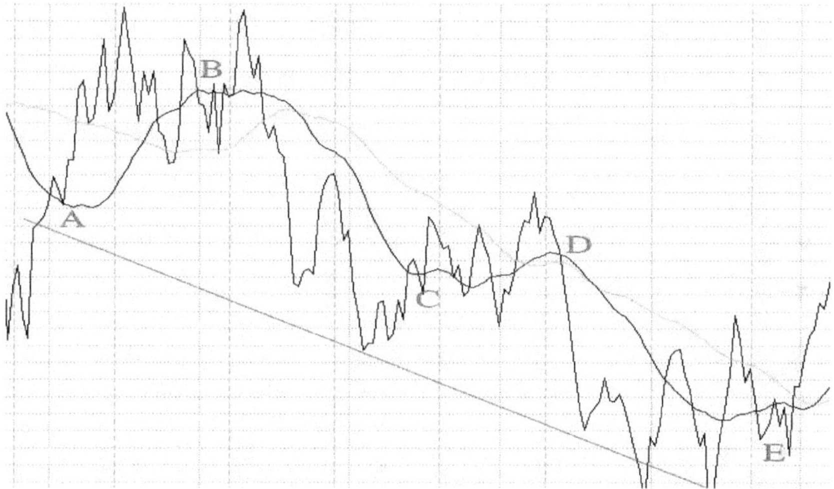

Anche per il secondo semestre è abbastanza facile fissare i punti A-B-C-D-E e approssimare la spinta verso il basso data dal ciclo ad 1 anno con una retta obliqua.

Perché approssimare i cicli sottostanti con una retta è così importante? Perché potrebbe far saltare alcune regole di base. Infatti tu sai che devi comprare tra A-B e investire al ribasso tra D-E. Però se la retta dei cicli sottostanti sposta i tuoi cicli, allora le cose potrebbero cambiare.

In questo grafico del secondo semestre infatti, nel quale la retta porta al ribasso, investire in A-B diventa rischioso e le probabilità non sono più così a tuo favore. Al contrario investire al ribasso tra D-E diventa ancora più sicuro perché oltre ai cicli a 3 e 6 mesi, hai anche la retta a tuo favore. Nel primo semestre valeva l'esatto opposto, in quanto la retta era verso l'alto e quindi favoriva il gioco al rialzo tra A-B, piuttosto che tra D-E. In questi casi **investi solo quando hai tutti e i 3 cicli nella stessa direzione.**

Quando arrivi in E e si sono chiusi tutti i cicli, si riparte da zero. Sei di nuovo in A, o in E che dir si voglia, ovviamente si equivalgono, sono picchi minimi perfetti. Si è chiuso il ciclo ad un anno, così come i cicli delle medie mobili a 25 giorni e 50 giorni, quindi, probabilmente, ricomincerà il tutto. Secondo te come si comporterà il titolo? Probabilmente sempre nella stessa maniera. Quindi potrebbe disegnare un nuovo ciclo ad un anno. E se vai a vedere su internet come è poi proseguito il titolo, ti rendi conto che è effettivamente così: buca la media al rialzo ed è il momento di comprare.

Tuttavia seguire l'andamento dei titoli è comunque uno stress. Raccontavo tempo fa ad alcuni miei allievi che ho comprato il titolo Coca Cola proprio mentre bucava la media mobile perché era prevedibile, da cicli precedenti, che il titolo si comportasse così. E', però, solo una probabilità. Per quanto fondata e altamente probabile non c'é niente di sicuro né di garantito. Semplicemente il titolo ha bucato al rialzo la media, io ho comprato, ma dopo poco è risceso.

Ovviamente, dato che nell'intraday il titolo è sottoposto a forti oscillazioni, avevo fissato lo stop un po' al di sotto della media. Il titolo si è attestato, per 3 giorni, al di sotto della media mobile, quindi ad un prezzo inferiore a quello al quale l'avevo acquistato, ero in leggera perdita. Anche se si trattava di pochi decimi di punto percentuale, in soldi veri stavo perdendo l'equivalente di

500 dollari e mi scocciava moltissimo. Bastava che il mio titolo scendesse al valore dello stop da me fissato e la mia perdita si sarebbe concretizzata. In fondo, trattandosi di un'oscillazione di un paio di giorni pensai che la direzione del titolo potesse cambiare facilmente. In realtà avevo il 60% delle probabilità a mio favore, ma trattandosi, appunto, di probabilità, può succedere che si avveri il restante 40%.

Fortunatamente il mio stress si è concluso poco dopo, quando il titolo è risalito, arrivando sopra la media e superando il mio punto di ingresso nell'operazione. Le probabilità, i cicli, la media mobile, mi dicevano che sarebbe salita. Tuttavia questa ipotesi poteva verificarsi o meno. In quel caso, ancora una volta, la mia previsione si è rivelata esatta.

Voglio che tu sia consapevole che, investendo in Borsa, potranno capitarti vari inconvenienti. Ad esempio, diciamo che ti trovi in un picco minimo, in A, di lì a poco il titolo inizia a salire. L'andamento dei cicli è in salita ed il titolo buca al rialzo la media mobile, quindi hai tutte le probabilità a tuo favore, che fai? Ovviamente compri. Subito dopo il titolo crolla e tu resti basito, cosa è successo? Magari il ciclo del giorno o della settimana, che oscillano moltissimo, l'hanno influenzato negativamente.

Non ci puoi fare niente, capitano queste cose. Quindi tieni lo stop un pochino più in basso rispetto alla media mobile per tenerti al sicuro, poi il tuo investimento dipende da quanto oscilla il titolo. Se oscilla in maniera sempre più o meno identica, tieni il tuo stop sotto la media e ti proteggi dalle oscillazioni del giorno che non dovrebbero portare il titolo a toccarlo.

All'inizio ti sentirai molto stressato, ma se poi divieni bravo ad intuire gli andamenti della Borsa, il gioco ti prenderà sempre più. Un fatto simpatico è che, nei siti di Borsa, la perdita viene segnalata in rosso, ed il profitto in verde. Questo crea un ancoraggio molto forte con questi due colori. Vedi il verde e ti senti bene, con il rosso hai la nausea e pian piano ne diventi allergico. Sappi che potrà anche accadere questo proprio a causa dei cicli giornalieri.

Studiare l'analisi tecnica ed i grafici, è una cosa appassionante, divertente e creativa. Ricordi quello che abbiamo detto all'inizio circa la scelta delle azioni? Per scegliere un'azione è importante combinare due elementi di giudizio, quello offerto dalla PNL con i livelli logici, e l'analisi fondamentale, con la valutazione del P/E. Il P/E non è l'unico indicatore usato in analisi fondamentale, ma è quello in grado di offrirti maggiori informazioni ed indicazioni a lungo termine.

Se ci pensi, quella retta che tende al rialzo potrebbe equivalere ad un'azienda con P/E troppo basso, quindi sottovalutata, il cui titolo alla lunga non può che salire. Quindi c'é una spinta verso l'alto data dal fatto che quell'azienda, in quel dato momento, vale troppo poco. Potrebbe essere un modo comodo di utilizzare l'analisi fondamentale all'interno dell'analisi tecnica.

Immagino che a questo punto tu non veda l'ora di fare pratica. Io direi di iniziare subito, anche solo per provare gli strumenti gratuiti che la rete ti offre. Vai su http://it.finance.yahoo.com

Vai nella casella di ricerca e cerca "GOOG" che è la sigla di Google e metti "USA" come campo di ricerca.

Ti apparirà la pagina del titolo Google dove potrai vedere il prezzo attuale dell'azione, il grafico e altri dati:

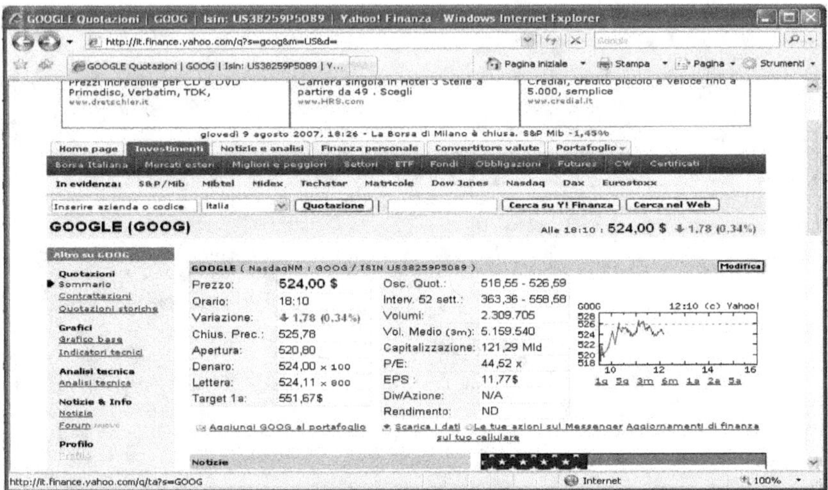

A sinistra, nella colonna laterale, trovi una serie di link. Clicca su Indicatori Tecnici, alla voce Grafici. Trovi un grafico più grande:

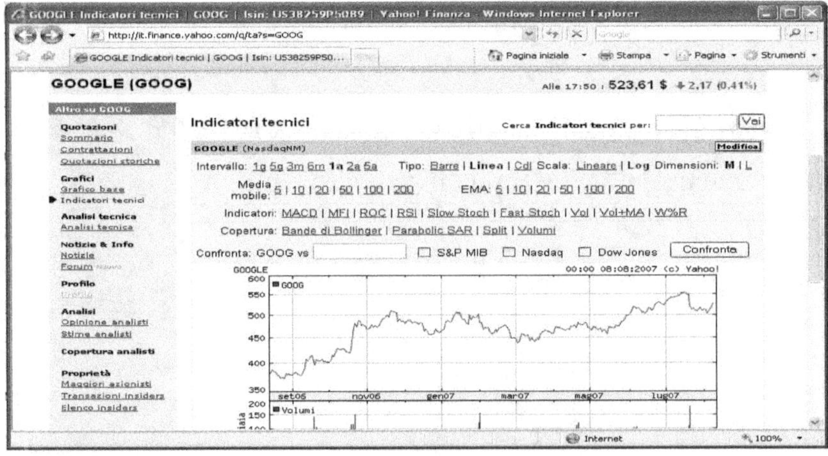

A questo punto vogliamo far comparire sul grafico le nostre famose medie mobili, in modo da visualizzare meglio i cicli a 3 e 6 mesi. In seconda riga trovi la voce "**Media Mobile**": clicca prima su 20 e poi su 50. In questo modo visualizzerai, oltre all'andamento del titolo (in blu), le due medie a 20 giorni (verde) e a 50 giorni (rosso). Yahoo non ti permette di visualizzare la media mobile a 25 giorni, ma quella a 20 è talmente simile che va benissimo. Rispetto a Fineco i colori sono diversi, ma tanto sono puramente indicativi.

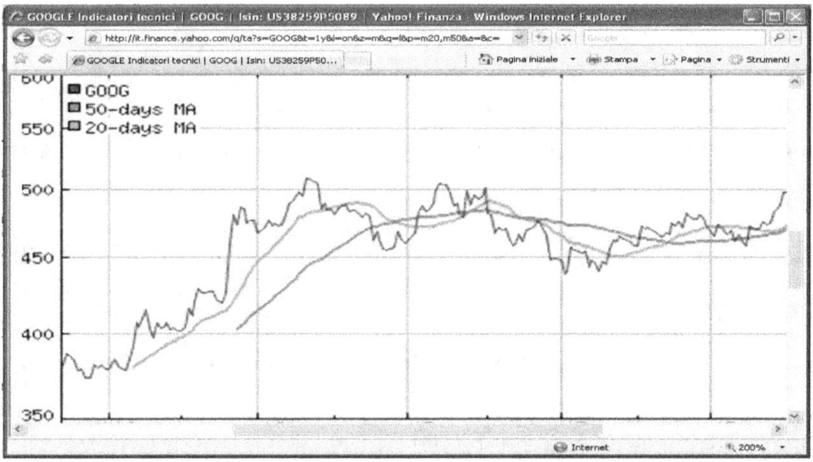

Bene, ora che hai visualizzato le due medie mobili, ti rendi conto che esse ti indicano i cicli che stai cercando. Spero che a questo punto ti sia abbastanza agevole riconoscere i punti A-B-C-D-E sul grafico.

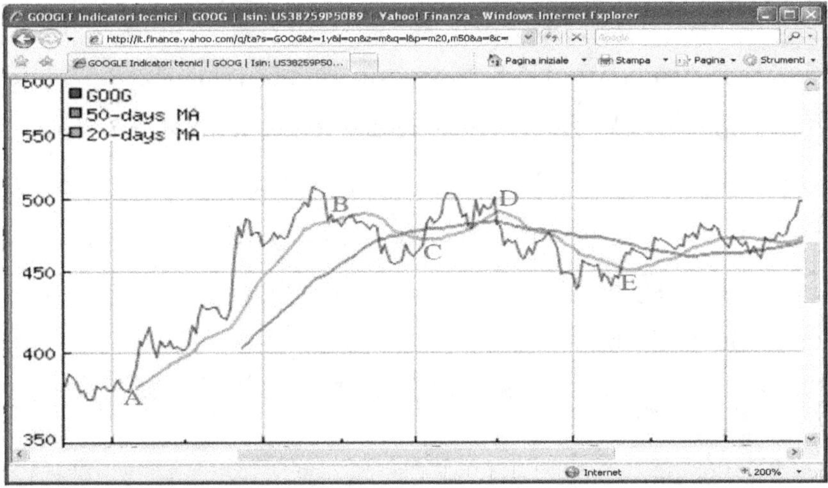

Quindi, seguendo il metodo alla lettera, avresti comprato tra A e B, in particolare rivendendo in B nel momento in cui il titolo (blu) perforava dall'alto verso il basso la media mobile a 20 giorni (verde). Tra B-C-D avresti lasciato perdere. In D, e precisamente quando il titolo perforava dall'alto verso il basso la media mobile a 20 giorni avresti investito al ribasso per ricomprare poi in E, alla nuova perforazione. Hai afferrato il concetto? E' sempre lo stesso e puoi allenarti sulle migliaia di azioni che esistono attraverso le risorse gratuite che ti offre internet.

Riepiloghiamo un attimo il metodo. Apri il grafico di un'azione e fai analisi ciclica, ovvero, individua un ciclo che duri all'incirca 3 mesi, evidenziato dalla media mobile a 20/25 giorni. Poi verifica che il ciclo superiore, quello a 6 mesi, che è espresso dalla media mobile a 50 giorni, abbia il medesimo trend di quello a 25. Se entrambe sono in salita, compra, se entrambe sono in discesa, gioca al ribasso; negli altri casi, quando i due cicli sono contrastanti, quindi hai dubbi, non fare nulla.

Chi ti dà il segnale operativo per entrare ed uscire? La media mobile. Quando l'azione perfora la media mobile a salire, compra; quando la perfora a scendere, vendi.

Evita di cercare massimi, evita di cercare minimi e guadagnerai un sacco di soldi per un sacco di tempo. Fai pratica con la simulazione per un tempo ragionevole, poi, con molta calma, comincia a giocare con soldi veri.

Il tuo maggior problema sarà pagare le tasse sui profitti! In realtà anche la parte fiscale è molto semplice: pensa a tutto Fineco, trattenendosi ogni trimestre le tasse sui guadagni, pari al 12,50% del profitto.

Ricorda, utilizza solo soldi che non ti servono. Se diverrai bravo, dopo parecchio tempo, potrai utilizzare anche la leva per moltiplicare i tuoi investimenti.

RIEPILOGO DEL GIORNO 6:

- SEGRETO n. 31: i cicli economici si ripetono nello stesso modo su ogni titolo in ciascun periodo.

- SEGRETO n. 32: la media mobile a 25 giorni ti permette di evidenziare i cicli della durata di 3 mesi.

- SEGRETO n. 33: la media mobile ti dà i segnali di entrata (e di uscita), ma sono veri segnali solo se anche il ciclo è in salita (o in discesa).

- SEGRETO n. 34: l'andamento di un titolo è dato dalla somma di tutti i cicli (1 giorno… 3 mesi… 1 anno... etc.)

- SEGRETO n. 35: il metodo di investimento prevede di comprare al rialzo quando entrambi i cicli a 3 e 6 mesi sono al rialzo, e di vendere al ribasso quando entrambi i cicli sono al ribasso.

- SEGRETO n. 36: devi investire solo quando il rapporto tra profitto e rischio è di 4:1, in modo che se il titolo scende tu perdi poco, se il titolo sale tu guadagni tanto.

- SEGRETO n. 37: la media mobile, se non accompagnata dalla teoria dei cicli, non funziona a causa dei falsi segnali.

- SEGRETO n. 38: compra al rialzo tra A e B, rimani fuori tra B-C-D, vendi al ribasso tra D ed E.

- SEGRETO n. 39: investi solo quando i due cicli a 3 e 6 mesi sono nella stessa direzione perché hai le probabilità a favore.

- SEGRETO n. 40: puoi approssimare eventuali cicli sottostanti annuali con una retta inclinata che segue l'andamento del titolo.

- SEGRETO n. 41: puoi disegnare la sovrapposizione di 3 cicli (a 3, 6, 12 mesi) utilizzando la concatenazione dello stesso schema dato dalla somma di due cicli.

Giorno 7: Leva e Opzioni

La leva è consigliata solo ai più esperti. Attenzione, la leva non è altro che un *moltiplicatore* che consente, avendo un capitale ad esempio di 10.000 euro, di comprare anche 30.000 euro di azioni. Hai 10.000 e puoi comprare azioni per 30.000? Sì, perché compri le azioni con lo strumento della leva. La leva ti mette a disposizione dei moltiplicatori, ad esempio il **3x**, che moltiplica per 3 volte il potere di acquisto. E' uno degli strumenti offerti dal broker online. Quindi con 10.000 euro, puoi comprare 30.000 euro di titoli. Se non anche 200.000 euro.

Qual è il vantaggio? Che se, ad esempio, tu hai 30.000 euro in azioni ed il titolo sale del 10%, passi a 33.000 euro di capitale azionario, quindi, se decidi di vendere ora, avresti guadagnato 3.000 euro. Ritorno sull'investimento? 3.000 su 10.000 è il 30%, eppure il titolo è salito solo del 10%.

Se, invece, investi con il tuo reale capitale di base, 10.000 euro, il titolo sale sempre del 10% e tu ne guadagni 1.000. Un ritorno di

1.000 su 10.000 infatti è il 10%. Quindi, il ragionamento fila, il titolo sale del 10%, però con la leva 3x tu guadagni il 30%. Fineco ti offre effetto leva dal **2x** al **20x**, questo significa che con soli 10.000 euro puoi comprare azioni per 200.000 euro! In tal caso, se il titolo aumenta del 10%, tu hai un guadagno del 200%!

Niente male, finché parliamo di guadagni. Infatti allo stesso modo se il titolo scende del 10%, e tu hai investito in leva, allora perdi il 30%, quindi fai moltissima attenzione. Se il titolo perde il 30%, tu perdi il 90%. Se il titolo perde il 40%, perdi il 120%, è chiaro? Ovviamente il tuo broker online non ti consente di perdere oltre i soldi che hai a disposizione e ti chiude la posizione in automatico una volta esaurito il tuo capitale reale. Con ciò evita che tu diventi debitore della banca e che, crollando l'azione, tu debba venderti casa per saldare il debito. Però può anche succedere che un titolo abbia un crollo tale che il broker stesso non riesca a ricoprire subito la tua posizione e la tua perdita vada realmente oltre il tuo capitale. In tal caso la banca verrebbe a chiederti di fornire ulteriore denaro sul conto per coprire il tuo debito. Ho sentito di persone che si sono veramente rovinate in questo modo, quindi non usare la leva se non hai accumulato veramente anni di esperienza.

In ogni caso usala non per investire 200.000 euro su un titolo, ma per dividere il tuo capitale in piccole parte e investire in leva su ogni piccolo investimento che fai. Quindi se hai 10.000 euro, fai 10 gruppi da 1.000 euro e investi su 10 azioni. Però invece che investire solo 1.000 euro su ciascuna operazione, puoi moltiplicarli per rendere ciascun acquisto un po' più interessante. In questo modo, anche se una delle 10 azioni dovesse avere un crollo totale e né il tuo stop né quello automatico della banca dovessero funzionare (rarissimo), in ogni caso il tuo rischio partirebbe da un decimo del tuo capitale, quindi difficilmente andresti in rovina.

La leva viene definita anche **marginazione**, ovvero giocare in margine. Investi dei soldi, che sono il tuo capitale reale, e questi soldi sono il margine per avere più denaro, per acquistare più azioni. Il denaro lo mette il broker, ovvero la banca, in cambio di piccoli tassi di interesse. Per quanto piccoli non sono però da trascurare, perché comunque rappresentano un'uscita da tenere in considerazione quando si fa il bilancio tra profitti, commissioni e tassi. Ovviamente i tassi sono calcolati su un anno, quindi se la tua operazione dura pochi giorni o pochi mesi, pagherai solo una piccola parte di quei tassi.

Comunque il meccanismo è semplice. Basta che hai un po' di soldi e il broker ti permette di moltiplicarli. Su molti titoli, il margine richiesto è del 30%, quindi tu acquisti 100, avendo solo 30, chiaro? Con 30 dollari acquisti 100 dollari di azioni. In altri casi il margine è appena del 5%, in tal caso con 5 euro compri azioni per 100 euro. Altro non è che la leva a 20x.

SEGRETO n. 42: puoi moltiplicare i tuoi guadagni (ma anche le tue perdite) utilizzando l'effetto leva che molti broker online ti offrono.

Sui titoli italiani ci sono moltiplicatori maggiori rispetto ai titoli esteri, c'é una leva maggiore, perché sono più garantiti, più stabili rispetto ai titoli americani, notoriamente soggetti a forti oscillazioni. Puoi sia acquistare che vendere in leva. Puoi acquistare in leva, quindi con 3 compri 10, con 170 dollari compri un'azione, ad esempio Google, che ne vale 510. Però vale il discorso di prima, se sale si moltiplica il guadagno, se scende si moltiplicano le perdite.

Quindi è uno strumento che non va assolutamente utilizzato dai principianti, ma solo da chi ha già alle spalle una lunga esperienza di trading, per chi ha un metodo che sistematicamente lo fa vincere. Se sei un principiante e però pensi: "Io sono bravo, sono sei mesi che guadagno costantemente usando il metodo, stavolta gioco in leva", è molto probabile che in pochi giorni tu arrivi a perdere tutti i guadagni realizzati in sei mesi, è classico, stai attento.

Ugualmente puoi fare la vendita al ribasso in leva, che si chiama sempre *short selling*, per il quale ti chiederanno ugualmente un margine ad esempio del 30%. Quindi con 170 dollari di capitale base, esattamente come nel caso precedente, puoi disporre di 510 dollari di azioni. Moltiplichi il guadagno così come moltiplichi la perdita, chiaro? Quindi usa la leva solo se guadagni sempre ed hai un metodo che segui con disciplina da anni.

Decidere per l'uno o l'altro dei due tipi di leva è molto semplice, su Fineco basta cliccare su **acquisto in leva** o **short selling**.

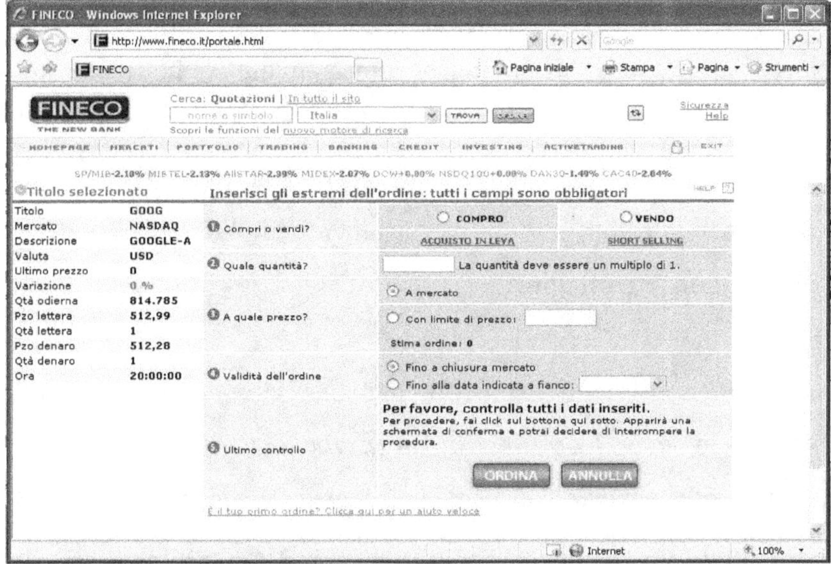

Eseguendo il tuo ordine, il sistema ti scalerà il 30% dal conto corrente. Utilizzando questo strumento potrai comprare più azioni oppure, a parità di azioni, spendere meno soldi o ancora, comprare azioni di aziende molto costose.

SEGRETO n. 43: puoi usare l'effetto leva anche al ribasso utilizzando la strategia di short selling.

E' semplice, e proprio per questo è meglio che non te ne avvicini troppo. Per fortuna, almeno per quanto riguarda Fineco, prima che tu possa accedere alla leva, ti fa firmare dei fogli aggiuntivi rispetto alla sola apertura dell'account, in cui dichiari che sei consapevole del rischio che corri e che ti assumi ogni responsabilità. Al momento te ne parlo solo per conoscenza, nonché per introdurti un nuovo strumento molto interessante e molto di moda: le **opzioni**.

Le opzioni sono degli strumenti finanziari che automaticamente lavorano in leva. *L'opzione su un'azione è il diritto a pagare l'azione una somma X entro una certa scadenza T.* Quindi ammettiamo che la Bruno Editore sia quotata in Borsa e che tu voglia comprarne un'azione. Oggi l'azione vale 100 euro e sul mercato trovi delle opzioni che ti danno il diritto di comprare a 100 euro l'una le azioni di Bruno Editore entro la scadenza di gennaio prossimo; quindi, fino ad allora, il prezzo dell'azione da te opzionata *resta bloccato* solo per te. Le opzioni hanno ovviamente un costo, variabile in base a diversi fattori e a quanto tempo rimane dalla scadenza. Diciamo che questa opzione ti costa 5 euro.

Se a gennaio prossimo le azioni di Bruno Editore saranno salite a 120 euro, tu eserciterai la tua opzione e avrai il diritto di acquistare le azioni ancora al prezzo di 100 euro. Quindi le compri a 100 e le rivendi subito dopo a 120. In pratica la tua opzione ha raggiunto un valore pari a 20 euro. E' come fosse un buono da 20 euro da spendere su quella azione.

Però il bello è questo: mentre l'azione è aumentata solo del 20% (da 100 a 120 euro), la tua opzione è passata da 5 a 20 euro (cioè il 400%!). Questo sì che è un effetto leva degna di nota.

Questa è una leva automatica, molto più efficace di quella che ti può offrire il broker, perché con un aumento di valore dell'azione pari al 20%, puoi guadagnare, come in questo caso, il 400% sull'opzione, perché hai il diritto di comprarla ad un prezzo basso ed a te favorevole.

SEGRETO n. 44: le opzioni su azioni sono uno strumento che per definizione si muove con effetto leva automatico.

Adesso ti dirai: sì tutto molto bello, ma come per la marginazione e lo short selling c'è sicuramente anche il rischio di moltiplicare le proprie perdite. E invece no!

Te lo dimostro subito. Se la tua azione, che vale sempre 100 euro, invece di arrivare ad un valore pari a 120 euro, arriva ad un valore pari a 105 euro entro gennaio, che succede? Che sei andato in pari, perché avevi pagato l'opzione 5 euro e 5 euro vale alla scadenza. Vai in pareggio.

Cosa succede, infine, se il valore della tua azione, che hai il diritto di comprare a 100 euro, invece di salire, crolla del 50% e arriva a 50 euro di valore a gennaio? Che la tua opzione non ha alcun valore, vale zero. Quindi semplicemente hai perso i tuoi 5 euro di investimento iniziale. Non puoi far altro che gettare la tua opzione, perché ormai non vale più niente; l'azione vale attualmente 50 euro e se ti interessa ti conviene certo comprarla a quel valore e non a 100. Quindi, attenzione, l'opzione è un *diritto* e *non un dovere*. Hai il diritto e non il dovere di comprarla a 100, ti è chiaro questo punto? Quindi, ricapitolando, se il titolo scende, semplicemente hai buttato i 5 euro che ti è costata l'opzione.

Immagina la stessa situazione con gli immobili: tu vedi una casa che ti piace che costa 100.000 euro. In questo momento non hai i soldi per comprarla, però vai dal proprietario e gli dici "Ti do 5.000 euro e tu me la blocchi fino a gennaio prossimo. Se a gennaio io non l'ho comprata, tu puoi venderla a qualcun altro e ti tieni i miei soldi".

A questo punto ci sono 3 possibilità:

1) la casa aumenta di valore in questi mesi e arriva a 120.000. Quindi la tua opzione vale 20.000 euro.

2) la casa rimane a 100.000, quindi a gennaio la tua opzione non vale niente e allora hai perso i 5.000 euro.

3) la casa crolla e vale 0: a te non interessa, hai perso comunque solo i 5.000 euro.

Quello che non succede mai è che tu perdi 100.000 euro. In fondo la casa non era ancora tua, quindi il problema rimane del proprietario!

Per le opzioni su azioni il discorso è il medesimo: male che vada perdi quello che hai speso per acquistarla, ma se l'azione crolla del 10% o del 90% a te non cambia nulla. Invece chi è proprietario di quelle azioni sta passando un brutto periodo.

SEGRETO n. 45: le opzioni ti offrono la possibilità di un guadagno potenzialmente illimitato e una perdita limitata al costo dell'opzione stessa.

Tutto questo serve per farti capire che ci sono altri strumenti, oltre le azioni, per investire in Borsa, strumenti che hanno una funzionalità diversa, che, magari, ti offrono grandi vantaggi a fronte di un rischio limitato. Utilizzando le opzioni, al massimo rischi il valore, piuttosto limitato, dell'opzione stessa, ma se tutto va per il verso giusto, il guadagno può essere realmente interessante.

Quindi se grazie all'utilizzo di tutti i metodi che abbiamo visto prima, hai capito che Google è un titolo interessante, cosa puoi fare? Puoi sia decidere di comprare l'azione, quando il titolo perfora la media mobile, con il metodo che abbiamo visto finora, sia l'opzione su Google. Con l'azione se il titolo sale del 10%, ad esempio, tu potrai intascare il tuo 10%. Con l'opzione invece compri il diritto ad acquistare a 500 euro il titolo Google che, salendo del 10%, ed arrivando ad un valore pari a 550 euro, avrà fatto salire il valore della tua opzione a 50 euro, con un ritorno sull'investimento molto più alto.

Il prezzo dell'opzione non è fisso, varia con il variare del valore dell'azione opzionata, per quanto sempre a livelli percentuali rispetto al valore reale dell'azione. Esiste un mercato delle opzioni esattamente come ve ne è uno delle azioni. Se un'azione vale molto sarà guerra per chi si aggiudicherà un'opzione su di essa. Ad esempio, se tutti pensano che il titolo di Google salirà, l'opzione su di esso costerà molto, perché tutti si aspettano che, in seguito, produrrà un forte guadagno.

In sintesi l'opzione è una leva solo in positivo, cioè se l'azione sale guadagni il valore acquistato dall'opzione, che è dato dalla differenza tra l'apprezzamento del titolo ed il costo della tua opzione; se l'azione perde il suo valore, viceversa, perdi solo il costo dell'opzione.

A ben vedere, potrebbe sembrare un ottimo espediente, ottimi risultati in positivo e rischio limitato in negativo. Tuttavia bisogna dire che se perdi, *perdi il 100%* del valore che avevi investito, quindi questo strumento non è assolutamente esente da pericoli. Sulle azioni infatti è molto difficile perdere il 100% dell'investimento, qui invece è all'ordine del giorno. Proprio per questo i grandi trader di opzioni consigliano sempre di dividere il tuo capitale in 10 parti e non investire mai più di un decimo su ciascuna opzione. In questo modo, anche se le opzioni arrivano a valore zero, tu al massimo hai perso solo il 10% del tuo capitale.

SEGRETO n. 46: il segreto più importante per chi investe in opzioni, è dividere il capitale in 10 parti e non investire mai più del 10% su un opzione.

Come per le azioni, puoi investire sia al rialzo, quando ti aspetti che un titolo salga, sia al ribasso, quando ti aspetti che un titolo crolli. Le opzioni al rialzo si chiamano **call** e rappresentano il *diritto a comprare* l'azione; le opzioni al ribasso sono dette **put**, e rappresentano il *diritto a vendere* un'azione ad un certo prezzo entro una certa scadenza.

Vediamo il **grafico di rischio di una opzione Call**:

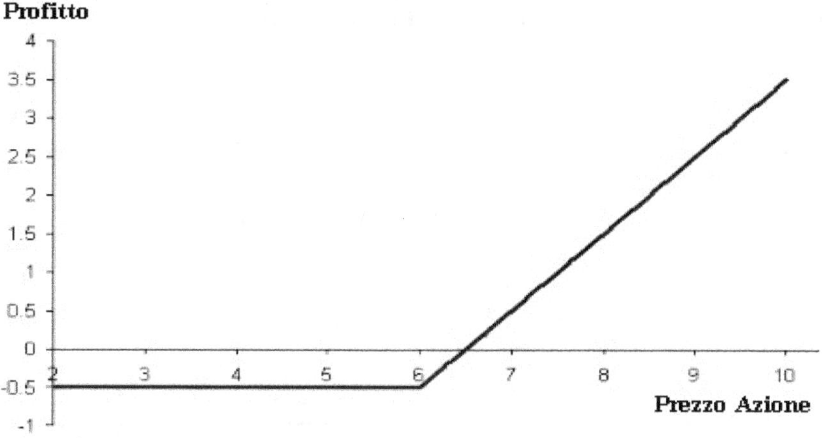

Diciamo che la tua azione costa 6 euro. L'opzione Call che ti dà il diritto di comprare l'azione a 6 euro ha un costo di 0,5 euro. Se alla scadenza dell'opzione, l'azione sale a 8, la tua opzione vale 2 euro, quindi il tuo guadagno è 2-0,5 = 1,5 euro. Un guadagno netto del 300%. Se vale ancora 6, la tua perdita è quei 0,5 euro di investimento iniziale. Se il titolo crolla a 3, tu perdi sempre al massimo quei 0,5 euro.

Immagina la faccia dei tuoi amici azionisti che magari hanno investito su quella azione senza un metodo e hanno perso il 50% del loro capitale totale, ovvero 3 euro su 6. Loro perdono 3, tu, al massimo, sempre 0,5. E se il titolo va a zero? Loro sono rovinati, perdono 6 su 6, e tu sempre solo 0,5. Una bella differenza, vero? Vediamo il **grafico di rischio di una opzione Put:**

E' l'esatto contrario della Call, solo che, in questo caso, tu guadagni molto solo *se il titolo scende*; infatti se hai il diritto a vendere a 6 un titolo che è crollato a 1, realizzi un profitto molto alto. Se invece il titolo sale, tu perdi al massimo il prezzo dell'opzione. Le opzioni put funzionano esattamente come le azioni call ma con grafico di rischio invertito.

Cosa vedi di interessante in questo grafico? Che tu guadagni quando un'azione crolla. E allora immagina di unire un investimento in azioni con un investimento in opzioni.

Tu hai seguito il metodo e hai trovato la tua azione. P/E basso, azienda sottovalutata, livelli logici allineati e coerenti, ottime previsioni di crescita. E' il momento giusto, i cicli economici ti sono favorevoli, la media mobile incrocia il titolo, hai dei soldi da investire. Investi 5.000 euro e compri 10 azioni di Google.

Passano i giorni e va tutto bene. Ma un giorno Google dice che il bilancio trimestrale è andato al di sotto delle aspettative e il titolo crolla. Buuum! Meno 20% in un giorno, ora vale 400 euro! Cominci a disperarti, anche perché ti eri dimenticato di mettere lo stop. O, anche se più raro, metti lo stop ma non scatta perché il crollo avviene improvviso nell'intervallo tra la sera prima e la mattina successiva; quando scatta hai perso tutto il 20%. Disperazione.

Ma che succederebbe se tu avessi comprato anche delle opzioni Put su Google che ti danno il diritto di vendere ancora le tue azioni a 500 euro? Sì ti sono costate qualche decina di euro, però ti hanno salvato dal perdere 1.000 euro tondi tondi sul tuo investimento in azioni. Capisci? Perdi sulle azioni, ma guadagni sulle opzioni, quindi il tuo capitale è salvo. Hai giusto perso qualcosa per creare questo meccanismo di protezione. Non è altro che una forma di **assicurazione**.

Non paghi forse 1.000 euro l'anno di assicurazione per la tua automobile, in modo che se te la rubano, vieni rimborsato di tutti i soldi? Al limite perdi qualcosa di franchigia, ma bene o male, la maggior parte dell'investimento lo recuperi.

Allo stesso modo le opzioni Put possono esserti utili per crearti questa forma di assicurazione sulle tue azioni. Hanno un piccolo costo, ma ne vale sicuramente la pena. Immagina quanti investitori di Borsa avrebbero evitato il crack finanziario conoscendo questa piccola strategia.

SEGRETO n. 47: se investi in azioni, puoi utilizzare le opzioni Put come forma di assicurazione.

Con questo non voglio assolutamente dirti che le opzioni sono migliori rispetto alle azioni, dico solo che nelle opzioni lo schema di rischio è più chiaro rispetto a quello delle azioni e che puoi usarle insieme come forma di assicurazione.

Dico anche che chi investe senza un metodo ben definito perderà soldi sia sulle azioni che sulle opzioni, e anche se questa non vuole essere una guida alle opzioni, voglio offrirti un metodo concreto, efficace e professionale con cui sia un principiante sia un trader professionista possono seguire i mercati.

Le opzioni sono solo uno strumento aggiuntivo che puoi usare in abbinamento agli investimenti in azioni per proteggerti o moltiplicare i tuoi guadagni. Sappi, però, che le opzioni non sono ancora un mercato molto sviluppato in Italia, non tutti i titoli hanno le relative opzioni e i broker italiani, per lo più, non ti consentono di fare compravendita di opzioni. Infatti poiché quando un'opzione vale zero tu hai perso tutto l'investimento, viene considerato a tutti gli effetti uno *strumento molto pericoloso*.

Quello che mi interessa oggi è che tu memorizzi bene il mio metodo, il modo in cui io investo e ottengo risultati concreti da anni. Nella mia esperienza questo ha portato ad un ottimo risultato.

RIEPILOGO DEL GIORNO 7:

- SEGRETO n. 42: puoi moltiplicare i tuoi guadagni (ma anche le tue perdite) utilizzando l'effetto leva che molti broker online ti offrono.

- SEGRETO n. 43: puoi usare l'effetto leva anche al ribasso utilizzando la strategia di short selling.

- SEGRETO n. 44: le opzioni su azioni sono uno strumento che per definizione si muove con effetto leva automatico.

- SEGRETO n. 45: le opzioni ti offrono la possibilità di un guadagno potenzialmente illimitato e una perdita limitata al costo dell'opzione stessa.

- SEGRETO n. 46: il segreto più importante per chi investe in opzioni, è dividere il capitale in 10 parti e non investire mai più del 10% su un opzione.

- SEGRETO n. 47: se investi in azioni, puoi utilizzare le opzioni Put come forma di assicurazione.

Conclusione

Ricapitolando, prima scegli un'azienda che ti sia congeniale secondo i livelli logici della PNL, e della quale sei interessato ad acquistare le azioni. Cerca di capire se l'azienda ti dà fiducia, se l'identità, la missione aziendale, ammesso che vi sia, è in linea con il tuo modo di essere e pensare; insomma verifica che corrisponda ai criteri di scelta di una buona azione. Verifica il P/E e l'eventuale sottovalutazione del titolo.

Poi trova un ciclo a tre mesi individuato dalla media mobile a 25 giorni. Quindi, per capire quando entrare ed uscire dal mercato, aiutati con l'andamento dei cicli a 3 mesi (dati dalla media mobile a 25 giorni) e a 6 mesi (media mobile a 50 giorni). Fissa sul grafico i punti A-B-C-D-E per orientarti al meglio. Studia il grafico e guarda se il titolo è lontano dalla media mobile oppure se le è vicino e magari sta per incrociarla. In questo secondo caso è un titolo interessante, da tenere d'occhio.

Il metodo è semplice ma ci vuole disciplina e non dimenticare la regola d'oro: taglia le perdite e lascia correre i profitti.

La cosa più importante in assoluto per chi inizia è fare tanta pratica, e, ti prego, non seguire il tuo ego, le tue emozioni e le tue paure, segui piuttosto il metodo, sii inflessibile con te stesso. Quello che ti consiglio di fare, per i primi tempi, è di metterti in coppia con qualcun altro, coinvolgi un'altra persona in quest'avventura perché in due si ragiona molto meglio. Me ne sono reso conto iniziando a giocare in Borsa in compagnia di mia moglie dopo che per tanti anni l'ho fatto da solo. Se si è soli è più facile farsi vincere dall'esaltazione o dal panico, se sei con un'altra persona, è difficile che l'emozione faccia ad entrambe lo stesso effetto destabilizzante nel medesimo istante. C'é sempre chi è più razionale in un dato momento o viceversa. Coinvolgi un'altra persona, spiegale il metodo, giocate assieme, fate simulazione per vedere chi riesce meglio. Allenati, prendilo come un divertimento e investi soldi veri solo alla fine, nel momento in cui ti sentirai realmente sicuro di te stesso.

In bocca al lupo!

Giacomo Bruno

259

Azione

1. Scegli aziende che stimi e che abbiano una missione forte e ben definita.

2. Verifica le tue sensazioni con l'analisi fondamentale (P/E) e l'analisi dei livelli logici della PNL.

3. Studia il grafico dell'ultimo anno dell'azione e studiane i trend.

4. Verificane i cicli a 3 e 6 mesi, evidenziati dalle medie mobili a 25 e 50 giorni.

5. Fissa i punti A-B-C-D-E e definisci i tempi giusti per investire al rialzo (A-B) e al ribasso (D-E).

6. Compra e vendi in base ai segnali di perforazione con la media mobile a 25 giorni, solo se il ciclo conferma l'esattezza del segnale.

7. Quando sei espertissimo, moltiplica i tuoi profitti con l'effetto leva e le opzioni.

I 47 SEGRETI PER INVESTIRE IN BORSA

- SEGRETO n. 1: il metodo vincente unisce l'analisi fondamentale, l'analisi tecnica e ciclica e la Programmazione Neuro-Linguistica.

- SEGRETO n. 2: la Borsa è sempre uno scambio, qualcuno vince e qualcuno perde. Vince chi ha metodo, strategie e disciplina.

- SEGRETO n. 3: investire in Borsa sul medio termine ti consente ottimi guadagni dedicando a questa attività solo 5 minuti al giorno.

- SEGRETO n. 4: i ricchi sono tali perché creano rendite automatiche di denaro, indipendenti dal loro lavoro, attraverso attività e investimenti.

- SEGRETO n. 5: per vincere in Borsa in maniera costante, devi investire solo quando hai le probabilità a favore.

- SEGRETO n. 6: il sito di finanza di Yahoo è il più completo per news e quotazioni su tutti i titoli del mondo.

- SEGRETO n. 7: il sito ufficiale della Borsa Italiana ti permette di fare simulazione sui titoli italiani.

- SEGRETO n. 8: il sito di Google Finance ti permette di fare simulazione sui titoli americani e ti fornisce news e informazioni dettagliate su tutti i titoli.

- SEGRETO n. 9: scegli il broker online in base alla fiducia che ti ispira, ai servizi che ti offre ed alle commissioni che richiede per ciascuna operazione.

- SEGRETO n. 10: la regola d'oro per vincere in Borsa è "taglia le perdite e lascia correre i profitti".

- SEGRETO n. 11: poiché il 90% della gente comune perde in Borsa, per vincere tu devi comportarti in modo contrario.

- SEGRETO n. 12: in tutte le tue operazioni di Borsa calcola il tuo rischio e fissa sempre uno stop loss prima di investire.

- SEGRETO n. 13: se tagli le perdite e lasci correre i profitti, guadagnerai in Borsa anche scegliendo a caso i titoli su cui investire.

- SEGRETO n. 14: la prima scelta da fare è nel tuo cuore, quindi non investire mai al rialzo su aziende che non ti piacciono.

- SEGRETO n. 15: l'analisi fondamentale ti aiuta a capire, in base ad alcuni indicatori economici, se un investimento ti conviene o meno.

- SEGRETO n. 16: il P/E (prezzo/utili) è un ottimo indicatore del valore di un'azienda basato sul rendimento annuo. P/E < 10 indica un titolo sottovalutato; P/E > 20 indica un titolo sopravvalutato.

- SEGRETO n. 17: Yahoo Finanza ti fornisce già calcolato il P/E di praticamente tutti i titoli del mondo.

- SEGRETO n. 18: la PNL e l'analisi dei livelli logici di un'azienda servono per verificare la correttezza del P/E trovato con l'analisi fondamentale.

- SEGRETO n. 19: l'analisi dei livelli logici ti permette anche di verificare l'allineamento interno di un'azienda verso la propria missione e i propri obiettivi finanziari.

- SEGRETO n. 20: con l'analisi dei livelli logici puoi verificare in profondità se l'azienda su cui intendi investire ha valori e obiettivi che tu stesso condividi.

- SEGRETO n. 21: le domande sui livelli logici ti permettono di scoprire in profondità chi è l'azienda sulla quale stai pensando di investire.

- SEGRETO n. 22: più analisi svolgi su un'azienda, più queste si confermano a vicenda, maggiori sono le probabilità a favore per un investimento vincente.

- SEGRETO n. 23: secondo l'analisi tecnica il prezzo di un'azione in questo istante è la somma totale di tutto ciò che riguarda l'azienda sino ad ora.

- SEGRETO n. 24: il trend ti indica la direzione di un'azione nell'ultimo periodo e quindi ti permette di ipotizzare dove andrà, aumentando le probabilità a tuo favore.

- SEGRETO n. 25: mediante la vendita al ribasso (short selling) tu puoi guadagnare in Borsa anche quando un'azione scende.

- SEGRETO n. 26: compra sui "rumors" e non sulle "news" che sono già vecchie, facendo però attenzione ai rumors privi di fondamento.

- SEGRETO n. 27: la media mobile ti suggerisce di comprare quando il titolo la perfora dal basso verso l'alto, e di vendere quando il titolo la perfora dall'alto verso il basso.

- SEGRETO n. 28: la media mobile a 25 giorni è la più affidabile; quella a 10 è più precisa ma meno affidabile; quella a 50 è troppo in ritardo per fornirti segnali profittevoli.

- SEGRETO n. 29: tieni lo stop più in basso della media mobile, così da non cadere in falsi segnali e massimizzare i profitti.

- SEGRETO n. 30: quando sei esperto, puoi usare gli stop temporali validi solo se il titolo scende sotto la cifra prefissata per almeno 3-4 ore.

- SEGRETO n. 31: i cicli economici si ripetono nello stesso modo su ogni titolo in ciascun periodo.

- SEGRETO n. 32: la media mobile a 25 giorni ti permette di evidenziare i cicli della durata di 3 mesi.

- SEGRETO n. 33: la media mobile ti dà i segnali di entrata (e di uscita), ma sono veri segnali solo se anche il ciclo è in salita (o in discesa).

- SEGRETO n. 34: l'andamento di un titolo è dato dalla somma di tutti i cicli (1 giorno… 3 mesi… 1 anno... etc.)

- SEGRETO n. 35: il metodo di investimento prevede di comprare al rialzo quando entrambi i cicli a 3 e 6 mesi sono al rialzo, e di vendere al ribasso quando entrambi i cicli sono al ribasso.

- SEGRETO n. 36: devi investire solo quando il rapporto tra profitto e rischio è di 4:1, in modo che se il titolo scende tu perdi poco, se il titolo sale tu guadagni tanto.

- SEGRETO n. 37: la media mobile, se non accompagnata dalla teoria dei cicli, non funziona a causa dei falsi segnali.

- SEGRETO n. 38: compra al rialzo tra A e B, rimani fuori tra B-C-D, vendi al ribasso tra D ed E.

- SEGRETO n. 39: investi solo quando i due cicli a 3 e 6 mesi sono nella stessa direzione perché hai le probabilità a favore.

- SEGRETO n. 40: puoi approssimare eventuali cicli sottostanti annuali con una retta inclinata che segue l'andamento del titolo.

- SEGRETO n. 41: puoi disegnare la sovrapposizione di 3 cicli (a 3, 6, 12 mesi) utilizzando la concatenazione dello stesso schema dato dalla somma di due cicli.

- SEGRETO n. 42: puoi moltiplicare i tuoi guadagni (ma anche le tue perdite) utilizzando l'effetto leva che molti broker online ti offrono.

- SEGRETO n. 43: puoi usare l'effetto leva anche al ribasso utilizzando la strategia di short selling.

- SEGRETO n. 44: le opzioni su azioni sono uno strumento che per definizione si muove con effetto leva automatico.

- SEGRETO n. 45: le opzioni ti offrono la possibilità di un guadagno potenzialmente illimitato e una perdita limitata al costo dell'opzione stessa.

- SEGRETO n. 46: il segreto più importante per chi investe in opzioni, è dividere il capitale in 10 parti e non investire mai più del 10% su una opzione.
- SEGRETO n. 47: se investi in azioni, puoi utilizzare le opzioni Put come forma di assicurazione.